WU CHANG

武昌历史文化丛书编委会／编

Wuchang Jinxiandai Gonggong Tushuguan Shihua

【武昌历史文化丛书】

武昌近现代公共图书馆史话

谢春枝 杨 萍 著

武汉出版社
Wuhan Publishing House

(鄂)新登字 08 号

图书在版编目(CIP)数据

武昌近现代公共图书馆史话 / 谢春枝,杨萍著. — 武汉：武汉出版社，2021. 6
(武昌历史文化丛书)
ISBN 978 - 7 - 5582 - 4711 - 8

Ⅰ. ①武… Ⅱ. ①谢… ②杨… Ⅲ. ①公共图书馆 - 图书馆史 - 武昌区 - 近现代 Ⅳ. ①G259.276.34

中国版本图书馆 CIP 数据核字(2021)第 107236 号

武昌近现代公共图书馆史话

著　　者:谢春枝　杨　萍
出 品 人:朱向梅
策划编辑:胡　新
责任编辑:杨童舒
封面设计:马　波
出　　版:武汉出版社
社　　址:武汉市江岸区兴业路 136 号　　邮　　编:430014
电　　话:(027)85606403　85600625
http://www.whcbs.com　　E-mail:zbs@whcbs.com
印　　刷:湖北新华印务有限公司　　经　　销:新华书店
开　　本:787 mm×1092 mm　1/16
印　　张:12.25　　字　　数:160 千字
版　　次:2021 年 6 月第 1 版　　2021 年 6 月第 1 次印刷
定　　价:36.00 元

序　一
Preface

“求木之长者，必固其根本；欲流之远者，必浚其源泉。”一个城市的生命和灵魂，来自深厚的历史底蕴与坚实的文化内核；一个城市的品位和底气，离不开强大的文化自信与不竭的创新动力。挖掘历史资源、激活文化基因，事关精神命脉的传承，事关城市的永续发展。

有着近一千八百年建城史的武昌，历史悠久，文脉绵长。在这里，一座古城，风韵悠然，阔步前行，穿越千年沧桑；一处名楼，文人墨客，咸集诗赋，各领绝代风骚；一件大事，辛亥首义，敢为人先，改变中国历史；无数英豪，指点江山，前仆后继，浴血谱写辉煌。因为有了历史和文化的充分滋养，武昌始终生机勃勃、活力无限，为荆楚文化在中华文明总谱系中留下独特的基因和符号提供了丰富的给养。这片有着绚烂历史和强烈魅力的土地，一直等待着我们去发现、去感受、去领略、去彰显。

正因如此，我们有优势、有情怀，更有责任、有义务弘扬武昌的优秀历史文化，把武昌故事讲好，把武昌自信提升好，把武昌力量凝聚好。与其他展示武昌历史文化的论著不同，这套丛书全面系统梳理了多年散落在民间、口口相传的武昌老故事，通过精心的考证，深入挖掘其中蕴含的思想观念、人文精神和道德规范，并适应时代发展进行继承和创新，凸显出武昌发展的个性和魅力——从这个层面上讲，这套丛书的意义已经远远超出了文史资料的价值，它是武昌文脉的复现，为活化武昌文化遗产、树立武昌城市精神、提振市民精气神将作出独有的贡献。

丛书立足武昌历史根脉，突出武昌文化核心元素，在时间上自公元223年孙权建筑夏口城起至20世纪60年代，在空间上以武昌区现在的行政区划为主，分为“综合”“武昌人物”“武昌风物”“武昌景物”“武昌文物”和插画版“武昌指南”六个系列，将为武昌发展作出重大贡献的历史人物、影响历史进程的重大事件与武昌地域特色文化相结合，用群众喜闻乐见的语言讲历史故事、叙文化传统、说武昌古今。本书内容上具备理论高度、学术价值和思想深度，形式上明白晓畅，通俗易懂，能够激起读者情感共鸣，兼具历史性、时代性、知识性、可读性与权威性，可谓宣传推介武昌的集大成之作。

今天，武昌的经济体量已进入“千亿级”时代，站在新的起点，文化软实力正是提升我们综合竞争力和可持续发展能力的关键因素。习近平总书记说，“文化自信是一个国家、一个民族发展中更基本、更深沉、更持久的力量”，在建设创新型城区和国家中心城市核心区的征程上，我们更要“以古人之规矩，开自己之生面”，更要坚守中华文化立场，传承中华文化基因，展现中华审美风范。愿我们携起手来，共同努力，让传统文化与现实文化相融相通，让个体情感与集体情感同频共振，为新时代武昌的改革创新发展注入每一个人的家国情怀！

为策划、编纂和出版这套丛书，一大批专家学者以及许多市区老领导、政协委员都倾注了深厚的感情，为丛书的诞生奠定了坚实的基础，在此，由衷感谢他们为发展、延续武昌历史文化付出的巨大心血！

刘　洁

2018年12月

序 二
Preface

酝酿已久的《武昌历史文化丛书》终于要正式出版了，作为一个历史工作者和这套丛书的专家委员会主任，我感到由衷的高兴，十分乐意借写序的机会，同大家分享一下我的几点感想。

第一，为什么要出版《武昌历史文化丛书》？

武汉三镇之中，当属武昌的历史最为悠久，早在春秋战国时期，楚国就在这一地区设有封君夏侯。三国时期，孙权将东吴政治中心迁鄂（今鄂州市），寓“以武而昌”之意，改鄂名为“武昌”，这是武昌之名的由来。公元223年，孙权在江夏山（蛇山）筑夏口城，从而开启了武昌古城的历史，至今已近一千八百年。从元代设湖广行省起至清末，武昌一直是省级大区域行政中心。北伐战争后，改武昌县为武昌市。1927年，武汉三镇在行政区划上正式统一为一市。1949年武昌解放后，成为中共湖北省委、省人民政府所在地，在1952年调整区划后，正式成立武昌区人民政府。

千百年来，武昌因其独特的地理区位，始终处于社会变革的最前沿，承载着中华民族波澜壮阔的历史变迁，书写着气势磅礴的历史画卷。武昌人文底蕴深厚。屈子行吟，崔颢题诗，李白唱和……近代以来，张之洞督鄂，兴实业，办教育，练新军，新旧学堂并起，东西文化交融，风气大开，武昌由此奠定了全省文化中心的地位，诚如张之洞题黄鹤楼楹联中云：“昔贤整顿乾坤，缔造先从江汉起；今日交通文轨，登临不觉亚欧遥。”武昌自然风光秀丽。东湖、沙湖、紫阳湖等，妩媚多娇；洪山、蛇山、珞珈山等，玲珑别致；黄鹤楼、宝通寺、长春观等，景色优美。山灵水秀，人文荟萃，让武昌成为最适宜居住的城区。

武昌历史悠久、文化厚重、科教区位优势明显，是武汉的城市文化名片，而《武昌历史文化丛书》正是一套向世人充分展示武昌这座历史文化名城的独特魅力和风采的作品。

第二，如何编好《武昌历史文化丛书》？

武昌是武汉文脉沉淀之地，积累了丰厚的文化资源，如黄鹤楼文化、辛亥首义文化、名人文化等，此前也有若干零星介绍武昌历史文化的图书，而这套丛书则是第一次全面系统梳理千年古城的历史文化、系统挖掘武昌历史文化资源的重要工程。

本丛书在整体设计上分为六个系列，形式新颖，内容全面，体系完整，时间上从公元 223 年至 1960 年代；空间上以现有武昌区行政区划为主，必要时以历史上的大武昌概念为界定，将为武昌发展作出重大贡献的历史人物、影响历史进程的重大事件与武昌地域特色文化相结合，激活武昌文化基因，展现真实、立体、全面的武昌，集中呈现武昌深厚的文化底蕴。

在作者的选择上，着重选择了对武昌历史文化素有研究的专家学者；在内容上，利用新史料，体现研究新成果，集历史性、权威性、知识性、可读性于一体；在形式上，采取图文并茂的形式。

第三，编撰《武昌历史文化丛书》的意义何在?

习近平总书记在党的十九大报告中指出:“文化兴国运兴，文化强民族强。没有高度的文化自信，没有文化的繁荣兴盛，就没有中华民族伟大复兴。”只有对自身文化有高度的自信，才可能带来武昌的繁荣兴盛。在新时代下，启动这套丛书的编撰，既体现了武昌区委、区政府的远见，也可谓正逢其时。

该丛书既是在新时代第一次全面、系统挖掘武昌历史文化资源的重要文化工程，也是响应市委、市政府建设“历史之城、当代之城、未来之城”号召的实践成果，更是加快建设现代化、国际化、生态化大武汉，全面复兴大武汉的具体举措，功在当代，利在千秋。

本丛书立足武昌，深入挖掘其中所蕴含的思想观念、人文精神、道德规范，并结合时代要求继承创新，突出展示武昌最具特色的核心文化元素，集中挖掘城区的文化根脉，讲好武昌故事，传承历史文化记忆，对于传承武昌区优秀的历史文化、提升居民文化自信、推进城区文化建设具有重大的现实意义，必然成为武汉市打造国家中心城市和世界亮点城市规划中绚丽的一环。

关于学习历史的意义，习近平总书记在中央党校建校 80 周年庆祝大会暨 2013 年春季学期开学典礼上讲道:“学史可以看成败、鉴得失、知兴替。”从武昌悠久、丰厚的历史文脉当中，我们也一定可以看清她的成败、得失、兴替，从而以更加清醒的头脑和更为厚重的历史感，借改革开放四十年的东风，更好地了解武昌、建设武昌、发展武昌。

是为序。

马　敏

2018 年 12 月于武昌桂子山

/前　言/
Foreword

以武而昌，因文而盛，武昌是一个有着近一千八百年历史的古城，历史悠久，文脉绵长。1868年，张之洞任湖北学政，大力推行新政和新式教育，在武昌先后创办经心书院（后改称存古学堂）、两湖书院和自强学堂，是中国教育近代化的先声。当时各省维新派纷纷效法欧美、日本，建新式学堂、会馆和新式藏书楼，开中国公共图书馆运动之先河。

文化教育方面的改革，使武汉在历经数百年的沉寂之后，于20世纪初重新崛起，“惟楚有材，于斯为盛”又一次成为令人骄傲的现实。当时湖北教育在全国的地位，“近日中外教育家往往因过鄂看视学堂，半皆许为完备。比较别省所立，未有逾于此者”。湖北近代新式教育的发展也为武昌地区近代图书馆的诞生提供了必要条件，图书馆即为当时办学的产物。

1903年，武昌文华书院美籍女教师韦棣华（Wood Mary Elizabeth）于文华书院校园内办起了一个小藏书室，首次在师生中开放借阅，后发展成“我国第一所开放式图书馆”——文华公书林，开近代中国启迪民智之先河。此外，韦棣华也积极培养图书馆专业管理人员，不仅派送书院的毕业生去美国接受专业高等教育，还在武昌创办了中国近代第一所图书馆学专业教育和研究机构——私立武昌文华图书馆学专科学校，推动了旨在变革旧藏书楼传统的新式图书馆运动。

1904年3月14日，全国第一家官办省立公共图书馆于湖北武昌成立的消息见诸报端，该图书馆的创立者为湖北巡抚端方，督办者为武昌府知府梁鼎芬，这也是湖北省图书馆之雏形。该馆馆舍位于武当宫道院（今武昌区大成路）。当年8月3日、8月27日的《湖南官报》上分别载有《纪鄂省图书馆》《图书馆开办》的消息。该馆几经变迁，1936年9月，新馆于蛇山南麓建成，时至今日，该馆见证了近120年的城市公共图书馆发展历程。

本书以武昌近现代公共图书馆的发端和发展为主线，通过回顾一个多世纪以来公共图书馆在武昌肇始、演变与发展的史实，结合各个时期的政治文化背景与社会条件，梳理出武昌地区公共图书馆的历史脉络，同时向读者铺陈发生在武昌公共图书馆演进过程中的趣闻逸事，传承武昌这座历史文化名城的公共文化精神。

全书共分五部分，结构如下。

第一章为《世纪变迁》。该部分以时间为主线，叙述了从1840年武昌藏书楼和书院文化，张之洞新政新学的推广，文华公书林的前身——报房的开设，到中国最早的官办省级公共图书馆在武昌率先成立，各种通俗图书馆、民众教育馆和巡行文库同时存在，再到新中国成立至1966年间公共图书馆的发展，梳理出武昌地区公共图书馆演进的脉络和全景。

第二章为《民智启迪》。该部分结合当时的政治、经济、文化背景和社会条件，介绍不同时期诞生于武昌的公共图书馆的形态和发展情况，包括作为武昌地区公共图书馆前身的书院、藏书楼，晚清和民国时期出现的各种通俗图书馆、民众教育图书馆、佛教图书馆、革命文化图书馆，抗战初期活跃在武昌的战时图书馆，以及各种抗日团体、机关、学校、厂矿等开办的不同类型的临时机构和阅览室等。

第三章为《图林史话》。该部分讲述我国首座真正具有近代公共图书馆性质的机构——文华公书林的故事，包括美国传教士兼图书馆馆员韦棣华女士的图书馆情怀以及她所倡导的新式图书馆运动；该馆顺应美国城市公共建筑新古典主义风格潮流的建筑设计，按照近现代图书馆的规制实施的公共阅览室全开架制度，在读者服务和社会教育方面的创新和发挥的作用；等等。

该部分还讲述了湖北省图书馆的故事，包括这座国内首家官办省立公共图书馆的嚆矢之争，馆舍初建时的“三易其址”，蛇山南麓馆舍中西合璧的建筑设计，从书院藏书楼逐渐向社会化的图书馆转变的过程，抗战期间颠沛流离的西迁之路，等等，再现了作为武昌地区公共图书馆发展见证的湖北省图书馆的百年变迁。

第四章为《知识先驱》。该部分辑录了100多年来武昌地区公共图书馆发展历史进程中具有代表性的人物，如张之洞、端方、韦棣华、沈祖荣、胡庆生、桂质柏、严文郁、谈锡恩、缪恩钊等人的故事。通过讲述先驱者在武昌公共图书馆形成与发展时期的一些趣闻逸事，全面展示了武昌公共文化事业发展的面貌。

第五章为《鄂藏撷珍》。该部分通过展示现存的部分珍贵文献与文物，讲述这些藏品和文献背后的故事和文化内涵，从另一个侧面揭示了武昌公共图书馆在政治、经济、科学、文化等方面起到的积极作用，展现了现代公共图书馆对于时代发展与社会进步的重要意义。

目　录 / Contents

第一章
世纪变迁

第一节　千呼万唤

1840年鸦片战争之后，中国的民族危机和社会危机日益严重，为了挽救国家和民族危亡，进步的中国人开始积极探索救国救民的新道路。以林则徐、魏源等为代表的晚清大臣主张“向西方学习”，提出了“师夷长技以制夷”的口号，相继撰译并出版《四洲志》《海国图志》《瀛寰志略》等著作，分别对英美各地的大图书馆、藏书馆进行介绍，有的还具体介绍了各图书馆的藏书数量。如林则徐的《四洲志》就对欧美各国图书馆做了介绍：俄罗斯“又书院一所，内藏中国与俄罗斯之书二千有八百册，于是文教亦盛”；美国纽约州“书馆万有一百三十一所”，印第安纳州“书馆经费由公田拨出”。魏源的《海国图志》对欧美等国图书馆及其藏书进行了描述：“其都会大抵皆有官设书院，聚书于中。日开二次，听士子入内抄写诵读，但不许携出。”林则徐等人的记载和描述为处于闭关锁国状态的晚清政府打开了一扇通往世界的窗，但因他们的思想受到种种限制，所以并没有将他们的想法付诸实践。

1895年甲午战争爆发，中国战败后，清政府的腐朽本质进一步暴露，民族危机空前加深，引起了人们反抗帝国主义侵略和进行社会改革的强烈要求。1895年春，《马关条约》签订的消息传到国内，群情激愤。康有为联合各省在北京会试的举人1300余人联名上书，向光绪帝提出变法图强的主张。康有为在“公车上书”时，感叹中国文化教育的落后，感慨西方各国教育事业、图书馆事业的发达，“其每岁著书，美国乃至万余种，其属郡县，各有书藏，英国乃至百余万册，所以开民之智者亦广矣”，明确提出要向西方学习创办公共藏书楼的主张。

自此，以康有为、梁启超为首的维新派迅速崛起，登上了历史的舞台。1898年，戊戌变法正式实施。维新派认为要拯救中国，必须在政治上实行变法，推行新政；而要推行新政，必须从“振兴教育、培育人才、开通民智”入手。为此，他们掀起了一场设学会、办报馆、译书籍、开设藏书楼的热潮。

在康、梁等人的领导下，维新派人士首先在京、沪、津等地办起了学会藏书楼，藏书以西书、新书为主，并且制定了较为完善的管理制度，对图书的采选、分类、借阅等都做了详细规定。1895年，维新派成立了第一个学会——强学会，并在北京琉璃厂创立了强学会书藏，成为京师颇具影响力的新型图书机构。他们还在上海成立了强学会分会，出版《强学报》。强学会成立之后，维新派人士在各地纷纷成立学会，学会藏书楼也应运而生。1897年，质学会成立于武昌。该会“意在劝学，务崇质实，毋骛声华”，认为“世变日亟，乏人才则无以济变，非学无以成才，非讲无以成学”，故主张分科学习，以开风气之先。质学会拟分经学、史学、法律学、方言学、算学、图学、天文学、地学、农学、矿学、工学、商学、兵学、格致学十四门，前六科为兼习之学，后八科为专门之学；又拟广收图书，编印学报，著书立说，以裨实用。该会扩大读者范围，不仅对本会会员开放，同时也对士大夫和普通市民开放。

据统计，1895—1898 年，全国各地先后成立了 87 个学会，设立藏书楼 51 所。这些藏书楼性质上已不同于以往我国古代封建式藏书楼，而是一种新式的开放性藏书楼，为 20 世纪初各省公共图书馆的普遍建立奠定了良好的基础。

一批早期的资产阶级改良派如王韬、郑观应、马建忠等，在海外游历考察各国先进的图书馆后，深刻感受到西方图书馆与中国旧式藏书楼之间的巨大差距，也纷纷在此时提出了摒弃旧式藏书楼、学习西方图书馆的主张。他们先后出版了各自的论文集和政事时事记录合辑（如王韬的《弢园文录外编》、郑观应的《盛世危言》、马建忠的《适可斋记言记行》），对旧式藏书楼的“重藏轻用”进行了猛烈抨击，认为藏书应该公开，供人阅读。他们的书中大量介绍西方图书馆事业和图书馆技术，倡导向西方学习，兴办公共藏书楼以“启迪民智”、推动社会文化事业的发展。如郑观应在《盛世危言》一书中写道：“若合天下之才智聪明，以穷中外古今之变故，标新领异，日就月将，我中国四万万之华民，必有敻出于九州万国之上者。”对西方图书馆的社会教育功能进行了高度评价。早期的资产阶级改良派较晚清的开明大臣而言，不仅更加明确地提出了学习西方先进图书馆的想法，还猛烈地抨击了旧式的藏书楼观念，为封建藏书楼向近代图书馆转变奠定了思想基础。

彼时，国门已被船坚炮利的西方列强打开，他们的侵略一步步深入，外国传教士在华的势力和影响也不断扩大。除在中国传播西方新式图书馆思想外，传教士们还创办了许多以研究和传播宗教思想为目的的教会图书馆，资助、扶植了不少社会图书馆、研究图书馆和学校图书馆。其中较为著名的有上海徐家汇天主堂藏书楼（1847 年）、工部局公众图书馆（1849 年）、亚洲文会北中国支会图书馆（1871 年）、上海格致书院藏书楼（1874 年）、圣约翰大学罗氏图书馆（1884 年）、基督教中华圣公会对教民开放的书报阅览室“日知会”（1901 年）和文华公书林（1903 年）等，除后两所在武昌创立外，前面五所均在上海创立。

这些图书馆或藏书楼开风气之先，不仅馆舍精美、馆藏丰富、设备先进，在图书的收集、管理和利用等方面，都采用了西方较为先进的理论、技术和方法，管理水平明显高于我国传统的藏书楼，比国人自办的近代图书馆早半个世纪左右，对推动我国近代图书馆思想理念和服务方式的变革有一定的积极作用，也对我国近代图书馆的萌芽和创立起到了一定的示范作用。

1877 年 3 月 22 日的《申报》曾记载：“本埠即上海西人设有洋文书院，计藏书约有万卷，每年又添购新书五、六百部。阅者只须每年费银十两，可随时取出披阅，阅毕缴换，此真至妙之法也。”

随着甲午战争和戊戌变法的相继失败，中国社会危机日益加深。为了满足西方列强所谓“共管”的要求，缓和社会矛盾，1901 年清政府被迫施行新政，在文化方面大举实行“废科举、建学堂、兴留学”的措施，各省维新派效法欧美、日本，积极建立图书馆。

一些开明的清廷官员也纷纷奏请创办新型图书馆，以提高国民文化素质。1901 年，湖广总督张之洞、两江总督刘坤一联名奏称：“窃谓中国不贫于财而贫于人才，不弱于兵而弱于志气。人才之贫，由于见闻不广，学业不实；志气之弱，由于苟安者无履危救亡之远谋，自足者无发愤好学之果力。保邦致治，非人无由。”1906 年，戴鸿慈、端方等在奏折中也反复强调：“世界日进文明，典籍乃益臻繁富，收藏庋置，非国家有此全力，不能求其赅备无遗……盖教育已行，不识字之人必少，求取既便，应研考之学方多，此其足以导民者一也。”1908 年，东三省总督徐世昌等为黑龙江省拟建图书馆事奏折中也谈道：“国粹藉之保存，人才因而辈出，似于补助教育，启发民智不无裨益。”在清政府这些地方大员的竭力呼吁与提倡下，晚清兴起了一股创办新式图书馆的热潮。

第二节　蝶变新生

新办学堂、改革旧书院、派遣留学生，清政府制定并实施的一系列改革措施，推动了古代藏书楼向近代图书馆的转变。新政实施伊始，清政府即诏谕全国所有传统书院均改建为学堂。各省除在省会城市设立大学堂外，“各府及直隶州均设中学堂，各州县均设小学堂”。

1891 年 6 月，张之洞在武昌大朝街北端设方言商务学堂（方言学堂是清末外国语文学堂的通称）；1893 年 11 月，张之洞奏请立自强学堂，这是湖北开办近代新式学堂的开端。1902 年 6 月 2 日，张之洞致札湖北学务处：“设立方言学堂一所，以城内旧日农务局屋舍充用。即将自强学堂原有学生移入，仍另行定章，分别去留。”自强学堂改名方言学堂后，选址于东厂口（今武昌阅马场附近）原农务学堂，北倚蛇山，南临长湖，地势高爽，风景宜人，是当时湖北诸学堂中最理想的办学位置。

自强、方言学堂是张之洞亲手悉心创办的近代新式学堂，在当时就引起了强烈的社会反响。湖南有识之士创办的东山精舍，“仿湖北自强学堂成法，分科造士，教之以实事，程之以实功”，他们认为湖北自强学堂与各同文馆、实学馆及水师武备学堂一样，“皆合中外学术，相与讲习，所在而有”。著名维新派人物梁启超在其著作中也多次提到自强学堂，对这类新式学堂寄予厚望。

1910年9月，湖广总督瑞澂等以湖北教育经费紧张为由，向湖北咨议局提出停办方言学堂等学堂的议案。1911年2月，新任提学使王寿彭认为经费无法支持，不顾咨议局的决议，断然停办方言学堂。自强学堂从1890年春开始动议筹办，1893年正式建成定名，1902年6月改名方言学堂，到1911年2月被迫停办，前后历经22年。1936年第三卷第三期《青年月刊》上刊发了陈棣华的《武汉大学学生生活速写》，文中写道：“武大的创立很早，清末张之洞设方言学堂于武昌城内东厂口……”

1904年1月，清政府颁布《奏定大学堂章程》，由京师大学第三任管学大臣张百熙拟定，该章程规定“大学堂当置附属图书馆一所，广罗中外古今各种图书，以资考证”，将大学堂的藏书机构定名为“图书馆”，这是中国官方文件中首次使用“图书馆”这一名称，该章程的颁行标志着我国近代图书馆“官制”的初步确立。

1903年，武昌文华书院美籍女教师韦棣华于文华书院校园内一间名为“八角亭”的小屋内办起一个小藏书室，首次在师生中开放借阅，被当时的学生称为“报房”。在韦棣华的持续奔走和努力下，这个“报房”于1910年发展成我国第一所“美式”公共图书馆——文华公书林。

1902年，浙江绍兴缙绅徐树兰以一己之力捐资兴建了古越藏书楼。同年，徐树兰去世，其子徐显民继承父志，古越藏书楼对全郡开放。这是中国图书馆历史上第一个私人创办的新型公共图书馆，在世界上也不多见。徐氏树立了“存古、开新”的旗帜，成为后来的图书馆广泛收集和传播“新学图书”和西方文献的范例。徐显民学习和借鉴了西方图书馆的制度和方法，使古越藏书楼产生了迥异于旧式藏书楼的巨大社会影响。少年蔡元培曾在此担任“校书”工作，为日后成为一代大师奠定了基础。

1905 年 12 月，清政府设立学部，宣布进行学制改革，科举制度宣告结束。学部建立后，设有专门司，负责图书馆、博物馆等的建设。各地府县学堂纷纷建立，国民教育在一定程度上形成热潮，为图书馆等公共文化事业的发展开拓了新路。

1906 年，学部进一步规范图书馆相关的官职权制，将其纳入清政府职官建制和行政组织体系之中。

在西方大举兴办公共图书馆热潮的影响下，在清末新政废除科举制度、兴办新式学堂的巨大社会变革的推动下，以面向社会公众开放为主要特征的中国近代公共图书馆，自数千年的封建藏书楼中破茧而出。在这段近代公共图书馆萌芽的重要时期，清政府制定的有关政策也及时回应了当时社会开明士绅、社会团体和地方政府兴建公共图书馆的强烈呼声。

1908 年 12 月，清政府颁布了《城镇乡地方自治章程》，规定自治范围之一为学务，如“中小学堂、蒙养院、教育会、劝学所、宣讲所、图书馆、阅报社”等，首次在中央政府政策层面明确了地方兴办图书馆的责任。

1909 年，学部奏准颁行了《奏分年筹备事宜折》，标志着我国近代图书馆体系建设开始步入轨道。次年颁布的《京师图书馆及各省图书馆通行章程》，是我国由中央政府颁布的第一部图书馆法规，其中第二条规定“京师及各直省省治，应先设图书馆一所。各府、厅、州、县治应各依筹备年限依次设立”，将“图书馆”作为我国藏书机构的法定名称，“图书馆”取代了“藏书楼”这一传统的称谓。

这些政策的发布，极大地激发了各地政府兴办图书馆的积极性，不少地方也相继出台了图书馆章程，如湖南巡抚庞鸿书制定的《湖南图书馆暂定章程》(1906年)，云南提学使叶尔恺制定的《云南图书馆章程》(1909年)等。这些章程由地方行政官员颁布，在一定程度上具有政府行政规章的性质，规定了图书馆的命名、设立宗旨、人员、经费、开馆时间、文献阅览、社会捐助、文献管理、服务收费等方面的内容。

正是由于社会舆论之倡导、个人之响应、地方官吏之着手实施，至辛亥革命前夜，京师及各大行省纷纷进行了省级公共图书馆建设。据统计，1903—1910年间，共有20所省级以上的公共图书馆成立，其中1908—1910年间成立的图书馆占总量的75%，年均成立5所。

第三节 嚆矢之争

真正具有正规官办意义的公共图书馆，则是以“洋务新政殿军”张之洞管辖的两湖为创发地。1904年，湖北图书馆(该馆在此后数易其名，后文中除重要时间节点外，均简称“省馆”)和湖南图书馆先后应运而生，成为中国最早的省级公共图书馆。据史料记载，湖北图书馆成立更早，被公认为中国最早的、由官方创立的省级公共图书馆。

湖北能够迎合时代潮流、开风气之先，成为中国官办省立公共图书馆之嚆矢，与两个人的贡献密不可分。

其一为张之洞。1868年，张之洞任湖北学政，在武昌创办经心书院，1907改建为存古学堂。该学堂为保存国粹、养成传习中学之师资而设，其宗旨为保存本国“最为精美擅长之学术技能、礼教风尚”，以养成其“爱国之心思、乐群之情性”。

1889—1907 年，张之洞任湖广总督期间，将兴办教育作为其大刀阔斧改革的重要举措之一。由于其学者和官僚的双重身份，张之洞十分重视文化教育。“查自强之策，以教育人才为本；教战之方，以设立学堂为本。”“湖北地处上游，南北冲要，汉口、宜昌为通商口岸，洋务日繁，动关大局，造就人才，似不可缓。”因此，推行新式教育成为湖北新政的重中之重。张之洞先后在武昌创办了一百多所学校，培养了一大批优秀人才，使武昌名校林立，成为全国文教的兴盛之地。

1890 年，两湖书院在武昌成立。该书院提倡分门研究学问，崇尚实务，鼓励书院学生发奋读书，“以期于他日成就，出为名臣，处为名儒”。后两湖书院采用分班按日上课制，除了讲授“经史子集”外，还讲授算学。

1893 年，张之洞与湖北巡抚谭继洵在武昌创办自强学堂，这是湖北设立的第一个专业学堂，开设方言、算学、格致、商务四科。

张之洞任湖广总督的十余年间，改造旧有学堂、创设新式学堂、开办实业学校，并鼓励学生出国留学，在湖北地区创立了比较完整的近代教育体系，使湖北成为清末近代文教事业发达的地区之一，在一定程度上为湖北近代图书馆的产生提供了肥沃的土壤。

其二为端方。1904 年 3 月 14 日，全国第一家省立公共图书馆于湖北武昌成立的消息见诸报端(《湖南官报》)，创立者便是湖北巡抚端方，督办者乃武昌府知府梁鼎芬。该馆是省馆之雏形，馆舍位于武当宫道院（今武昌区大成路）。当年 8 月 3 日、8 月 27 日的《湖南官报》上分别载有《纪鄂省图书馆》《图书馆开办》的新闻。

11 月 14 日，位于兰陵路西侧之学堂应用图书馆正式开张，此馆实合并武当宫图书馆而来，定策者为湖广总督张之洞。次年 3 月，学堂应用图书馆扩建，同年定名为“湖北图书馆”。

湖北图书馆开办时，馆址在武昌兰陵街西侧。湖北巡抚端方派员到沪购买各种书籍，并前往日本购买图书、标本、模形等件，移至馆内陈设，充实书架。创办之初，组织不甚完备，主管人员仅负典守之责。

1908 年，自兰陵路西侧迁至东侧之原博文书院校舍开放，集中了武昌各书院藏书约 4 万册以充实馆藏。馆中图书分南北二楼储藏，同时开馆任人阅览，酌取阅览费。

当时的省馆是从书院藏书楼逐渐走向社会化的图书馆，既要保存文化遗产、宣扬国粹，又要适应开明的士大夫学习西方政治和文化的要求，引进新知识，因此藏书古今中外、兼收并蓄，但其阅览权依然局限于少数缙绅先生。各界读者必须衣着整齐，进门买票，体现了当时改良主义者的意图。

中国公共图书馆究竟发端于何时何地？省馆是否为国内第一家公共图书馆？对此，中国图书馆界曾经存在几种不同的说法。龚蛟腾的《首家省级公共图书馆之桂冠落谁家？》通过对皖省藏书楼、浙江藏书楼、湖南图书馆与湖北图书馆这四馆的诞生历程进行考证，得出近代意义上公共图书馆的五个“第一”：皖省藏书楼（1901 年）是冠名“某省”最早的省级公共图书馆，浙江藏书楼（1903 年）是历史渊源最为深厚的省级公共图书馆，湖南图书馆（1904 年）是最早以“图书馆”为名的省级公共图书馆，而浙江藏书楼（1903 年）与湖北图书馆（1904 年）则分别是最早实现“民办转官办”与“官府直接创办”的省级公共图书馆。

浙江图书馆以杭州藏书楼为前身，杭州藏书楼的成立时间是 1900

年 12 月，据清光绪年间初修、民国十一年（1920 年）重修出版的《杭州府志》《杭州藏书楼书目》记载，杭州藏书楼 1903 年更名为“浙江藏书楼”。1909 年，浙江藏书楼与浙江官书局合并，1912 年初正式确定“浙江图书馆”之名，这个馆名一直沿用至今。

湖南图书馆成立于清光绪三十年（1904 年）。1904 年 3 月 15 日的《湖南官报》刊登了梁焕奎、魏肇文等十二人联名发表的《创设湖南图书馆兼教育博物馆募捐启》。募捐启的发布并不能证明湖南图书馆已经成立，湖南图书馆建馆的准确日期已不可考。同年 6 月 8 日出版的《东方杂志》第四期载“定王台图书馆近日已开办”，由此可以推断湖南图书馆建馆时间不会晚于 1904 年 5 月。该馆最初的名称是“湖南图书馆兼教育博物馆”，1906 年，湖南巡抚庞鸿书刊发“湖南图书馆”木质关防一颗。1911 年辛亥革命后，该馆更名为“省立湖南图书馆”，在此之后，数易馆名。1984 年以来，该馆沿用“湖南图书馆”的名称。

其实早在两年前，冯天瑜先生的《湖北省图书馆——中国公共图书馆之嚆矢》(《图书情报论坛》2012 年第 6 期）和汤旭岩、马志立的《湖北省图书馆早期历史（1904—1908）之考察》(《国家图书馆学刊》2013 年第 1 期）两文通过对史料进行考证，对湖北图书馆的筹备、设立和开放时间进行了详细的梳理和揭示，已让这段“公案”有了令人信服的结论。

湖北图书馆与湖南图书馆同在清光绪三十年（1904 年）成立 。湖北图书馆由张之洞、端方创立，是中国成立最早的官办省立公共图书馆。清光绪三十年正月二十八日（1904 年 3 月 14 日）《湖南官报》刊登的《图书设局》有云：“湖北武当宫道院从前本拟改为西路小学堂，现闻西路小学堂已附设文高等学堂内，该道院业经改为图书局，并委梁太守督办其事。”据记载，武当宫道院所设图书局，实乃图书馆。可见，省馆创立之时，其馆址位于武昌武当宫道院。

张之洞回任湖广总督后，1904年7月29日，决定成立学堂应用图书馆；8月3日出版的《湖南官报》刊载题为《纪鄂省图书馆》的文章，称“闻七月（农历）间即可开办”；8月27日《湖南官报》再次以《图书馆开办》为题，报道图书馆“尽月内可以开办”。9月10日，武当宫图书馆和仪器图书馆合并的消息见诸报端，图书馆合并的结果便是设立学堂应用图书馆，该馆位于兰陵街西侧，于光绪三十年十月八日（即1904年11月14日）正式开张。次年三月，学堂应用图书馆进行扩建，图书阅览室、报章杂志阅览室、儿童阅览室均予设立，全面对公众开放，同年已更名为“湖北图书馆”。1908年（光绪三十四年），省馆再次迁徙至兰陵路东侧原博文书院（今武汉市公安局武昌区分局所在地）。

从建馆时间上看，我国省级公共图书馆之中，省馆不仅最早开放，且最早开办。杭州藏书楼一开办即为当地士子提供了一个免费借阅书籍的开放性场所，从这个意义上说，杭州藏书楼具备了公共图书馆的性质，只是到了1912年才使用“图书馆”的名称。湖南图书馆虽然成立时就使用了“图书馆”作为名称，但其成立时间晚于省馆。

无论是皖省藏书楼、浙江藏书楼、湖南图书馆还是湖北图书馆，都是在我国公共图书馆萌芽的这一时期内创立的。它们顺应了社会发展的潮流，担负起中国传统藏书楼向现代公共图书馆转变的历史使命，在中国近现代图书馆史上留下了浓墨重彩的一笔。

第四节 阅读革命

清朝末年，政府在教育方面进行了一系列改革，如建立学校、培养学生、派员留学、废除科举等，但面向广大群众、开启民智方面却着力较少，以至清代末期一些有识之士提出设立新式图书馆，以广浏览之需。

清政府在1910年发布《京师图书馆及各省图书馆通行章程》，明确了开办图书馆的宗旨："图书馆之设，所以保存国粹，造就通才，以备硕学专家研究学艺，学生士人检阅考证之用，以广征博采，供人浏览为宗旨。"但其并非为广大普通民众设立，而是为了在保存国粹的基础上，方便专家阅览。这与欧美等国设立图书馆的目的相差甚远。

1915年11月公布的《图书馆规程》第一条规定："各省、各特别区域应设图书馆，储集各种图书，供公众之阅览。"这一规定比清政府1909年制定的《京师图书馆及各省图书馆通行章程》保存国粹、分类浏览开明了许多，但仍旧在某些条款中承袭了旧式藏书楼的观念，对读者进行了种种限制。当时公共图书馆"门口挂着游人止步的牌，使得一般人还当是衙门，谁还敢进去"，"虎头牌"上写着"书籍重地，闲人免进，衣冠不整，不得入内"的字样。本来劳工群众连一般图书都难看懂，哪里还敢问津那些"经史子集"。章程第九条明文规定"图书馆得酌收阅览费"，书越贵收费越高。如京师图书馆征收1～10个铜圆不等的高额"买进钱"，开馆时间短暂，对读者进行种种限制，把普通读者拒之门外。1917年时的省馆，"每季阅览人数约1400人至1500人。图书证券每券取铜圆1枚"。

清末民初，时人对公共图书馆在普及教育中的作用已经有了普遍认识，图书馆教育区别于学校教育，是向大众传播知识的一种很好的方式。公共图书馆的设立，不在于培养一二学者，而在于教育千万国民，不在于考求精深学理，而在于普及国民教育，可以视为“市民大学”。民国初年，虽然在旧式藏书楼的基础上形成了一些公共图书馆，个别经济发达地区还涌现了一些市、县图书馆，但整体看来，这些图书馆大多受古代藏书楼的影响，仍把“整理旧籍”作为图书馆工作的第一要义，而不是把重点放在对藏书的利用上。

因此，伴随着公共图书馆的出现，一直有进步知识分子和资产阶级教育家大力提倡社会教育和通俗教育，呼吁发挥图书馆的社会教育职能。民国初年，蔡元培任教育总长，积极开启民智、推广民众教育。他在教育部内设立社会教育司，与普通、专门教育司并立，设官制、明职责、定规程，通令全国提倡社会教育，社会教育司负责“关于通俗图书馆巡回文库事项”。1914 年，《整理教育方案草案》发布，特别强调了设立通俗书报社、通俗图书馆、巡回文库，以满足民众需求。

20 世纪 20 年代后，一场起源于欧美国家的“新教育运动”之风唤醒了中国的知识分子，包括图书馆人。他们积极宣传教育的重要性，思考如何利用图书馆开展社会教育，围绕图书的流通和使用，开始了一场轰轰烈烈的社会阅读革命，其口号是：“图书馆要和社会打成一片！要使全国人人皆能使用图书馆！要使图书馆内的书没有一本不充分的应用！”以沈祖荣等一批留美图书馆学专家学者为代表的中国图书馆先驱者，主张“图书馆开架、随意阅览”，他们携带有关新式图书馆的影片、模型、统计表等到全国各地宣传，大力宣扬图书馆教育思想，利用图书馆开展社会教育。新图书馆运动持续十余年，影响了全国绝大部分地区。这场旨在“反对封建藏书楼，提倡新式图书馆”的运动，完成了对封建藏书楼的致命一击，奠定了中国近代图书馆和图书馆学发展的基础。

1915 年 10—11 月，民国政府教育部先后颁布了《通俗图书馆规程》和《图书馆规程》，开启了通俗图书馆和图书馆制度化发展的道路。《通俗图书馆规程》对通俗图书馆的主办方、名称、申报手续、图书馆人员的任职、经费、年终报告及书籍阅览等事项，均做了规定。以对主办方的规定为例，可以看出“通俗图书馆”与“图书馆”的定位有所不同。《通俗图书馆规程》规定：“自省治、县治应设通俗图书馆，储集各种通俗图书，供公众之阅览。各自治区得视地方情形设置之。私人或公共团体、公私学校及工场，得设立通俗图书馆。”而《图书馆规程》则规定：“自省、各特别区域应设图书馆，储集各种图书，供公众阅览。各县得视地方情形设置之。公立、私立各学校、公共团体或私人，依本规程所规定得设立图书馆。”通过比较上述两个规程关于主办方的规定，可以看出官方对于通俗图书馆的建立与发展有以下三种倾向。一是倾向于基层主办，即由县级政府举办，而图书馆则一般由省和特别区域举办。一般来说，县域内的群众受教育程度较低，年长失学者较多，他们正是通俗教育的目标群体，也是通俗图书馆的主要读者和教育对象。而省府所在地和特别区域财力相对雄厚，可以集中力量办图书馆，以满足市民和具有一定文化基础的读者需求。二是主张主办主体类型多样。通俗图书馆除了同其他类型的图书馆一样，由公私立学校、私人或公共团体主办以外，也有不少由工厂等机构为主体主办，以实施对广大劳工的通俗教育。三是《通俗图书馆规程》明确指出“通俗图书馆不征收阅览费”，这与《图书馆规程》有明显的区别，较之其他类型图书馆，通俗图书馆更贴近群众，更有利于民生。

通俗图书馆取消了阅览费。公共图书馆对阅览者收费在民国初期几乎是普遍的做法。民国政府颁布的《图书馆规程》中，就有对阅者可“酌收阅览费”的规定。图书馆收费的方式主要为出售“观书券”，出售“观书券”所得的费用，时称“券费”或“券资”。如《湖北省图书馆百年纪事》中就记载了 1912—1924 年的经费情况，“不足则以阅览收费津贴开支”，其中 1917 年部分记有“图书证券每券取铜圆 1 枚”。图书馆的收费服务显然给大多数经济拮据的读者设置了阅读门槛，因此饱受各界人士争议和批评。李小缘先生曾强烈呼吁“省内或市中人民得享受不纳费而阅书之权利”。通俗图书馆民众免费阅读权利的实现，把以往那些为阅资所困的普通民众的阅读需求释放了出来，是图书馆走向平民、走向大众的一个时代标志，因而前来图书馆阅览者甚众，“社会阅读”的效果非昔日所能相比。

民国政府教育部《通俗图书馆规程》中体现的精神和原则很快为地方教育部门所倡导和贯彻，在其颁布后的几年内，各省、县纷纷参照部颁《通俗图书馆规程》制定和完善地方通俗图书馆规程。与此同时，政府大力推广使用白话文，掀起了平民识字运动。通俗图书馆因为民众提供了开展识字教育的场所与条件，得以进一步在全国建立起来。一般图书馆的馆场建设、图书购置、维护保存等花费巨大，相较而言，通俗图书馆以其简易、规模小、花费少等特征，恰好适应当时的国力和国情，可以在公园、学校、社区、厂矿机动灵活地开办，因而展现出较一般图书馆更为广阔的发展空间。

当时各地教育厅也十分重视通俗图书馆的建设，湖北、江西、河北、湖南等省教育厅都曾要求各县设立通俗图书馆。

各地通俗图书馆章程、规程的制定和颁布，推动了通俗图书馆的迅速发展。据统计，1915 年全国有 21 个省开设公私立通俗图书馆 236 个，藏书 70100 部，每日平均阅览人数 798 人。1918 年，全国通俗图书馆的数量达到 285 个，巡行文库也从 1916 年的几十所发展到 259 所，阅览所 1825 所，其藏书数和日均阅览人数也有较大增长。通俗图书馆与省市县一般图书馆相比，数量多、读者广、影响大。在短短 20 余年时间里，通俗图书馆在全国发展迅速，以图书通俗易懂，阅读免费、方便的特点，受到广大民众的喜爱，“政学军警工商”各界人士是其主要阅读群体，其开辟的儿童阅览处集娱乐、阅读于一体，体现了通俗图书馆教育的普及性、灵活性。

我国早期的马克思主义者李大钊十分重视通俗图书馆的建设，他在《北京市民应要求的新生活》一文中谈道：“应该多设市立图书馆，通俗的尤其紧要。图书馆宜一律公开不收费。”在《劳工教育》中，他也谈道：“必须用通俗的文学，使一般苦工社会也可以了解许多道理……必须多设补助教育机关，使一般劳作的人，有了休息的工夫也能就近得个适当的机会满足他们的知识的需要。”他把满足劳工的文化需要看作是通俗图书馆等文化机构的首要任务。因各方力量共同推动，民国初年，在各省立公共图书馆陆续诞生的前提下，各地通俗图书馆也应运而生，并快速、健康地发展。自此以后，各种形式的通俗图书馆、流通图书馆、民众教育馆以及巡回文库不断发展，图书馆向社会、向普通民众延伸和贴近的尝试和实践方兴未艾，甚至在抗战时期，还发展成各种流动的、小型的战时图书阅览室，活跃在饱受战争之苦的城市和乡村中。

图书馆人充分利用有限的资源，因地制宜地开展工作，构建了便利的图书馆服务体系，使图书馆成为社会教育的重要阵地。

因通俗图书馆而开始的阅读革命，着力于普及文化。通俗图书馆设置在工厂中，方便工人阅览通俗图书，使粗识文字的读者学到文化知识；其附设的体育场、演讲厅、儿童阅览室中常开展各种文体活动，吸引了广大读者的兴趣；不征收阅览费，减轻了读者的经济负担；延长开馆时间，允许外借，方便了读者。另外，巡行文库使书刊遍及城乡各个角落，从多方面促进了通俗图书馆的兴旺发展。这些进步之处是当时其他类型的图书馆所不及的。

通俗图书馆和其他类型的图书馆不同，它为解决普通民众的实际困难而设，选藏的大都是实践性较强的图书和报刊，为读者提供更多技能知识，并帮助他们在阅读后将获得的知识和技能运用到生活中去。通俗图书馆的藏书语言通俗、言简意赅，一般由白话文写成，力求简单明了；内容贴近民众的生活，浅显易懂、生动有趣，能唤起民众的求知欲。各通俗图书馆还根据地区差异、读者文化素质高低、实际需求的不同有针对性地选择图书。以京师通俗图书馆为例，1914年，该馆图书分为教学、文学、英文、经传、实业、理科、法制、小说、图画等九类。通俗图书馆开展的社会教育与学校教育不同，它涉及的范围很广，不仅有识字教育、一般文化知识教育，还涵盖职业教育、专业教育等多方面内容，这样民众在阅读时就可以按需选择。

通俗图书馆开展的流动图书馆服务将图书送到读者身边，是一个了不起的创举，也是传统藏书楼与近现代图书馆的区别。为了最大限度地“书尽其用”，通俗图书馆采取了各种灵活实用的办法，如设立图书馆代办处、开展巡回借书活动、设立学校文库和家庭文库等，读者甚至可以足不出户借阅图书，通俗图书馆真正进入了每一个人的生活之中。流动图书馆让以往那些无人问津的图书走下书架，然后再想方设法把图书送到有阅读需求的民众手里，这与过去一般图书馆坐等读者上门的姿态相比有了极大的变化，在推动社会阅读方面起到了前所未有的作用，这种理念和创新也在之后的民众教育馆以及巡回文库的开办过程中得以延续。

通俗图书馆在开馆时间、规章制度、借阅手续等方面多为民众着想，尽可能地延长开放时间、简化借阅手续、提供便利服务，使得各类读者都能便利地利用身边的这些通俗图书馆资源。如京师通俗图书馆设有公众阅览室和儿童阅览室，“阅览室外，置一方桌，分类书目数册，杂置桌上。门内有廊，凡儿童用书，均录其目悬廊壁。而普通书目，则在公众阅览室内”，方便读者选择利用。

通俗图书馆的读者对象是全体民众，承担着基层社会教育的重任。民国时期我国文盲甚多，据当时中华教育改进社的统计，国人中有 80% 不识字。为此，通俗图书馆积极参与到识字运动中去，在馆内开办了识字班，帮助不识字的人认字，然后在此基础上指导他们阅读普通书报、写作浅近的应用文字。许多通俗图书馆为儿童、妇女单设专门阅览室，大力推进家庭文库，让男女老幼一家子都有书读，让不识字或识字不多的妇女、儿童和经济困难的读者也能在此各得所需，让全社会各个阶层的民众都得到平等的学习机会，获得所需的信息和知识。

在通俗图书馆的影响下，许多公共图书馆也开始提供通俗读物。如 1927 年湖北省立图书馆内就已经设置了儿童阅览室、通俗阅览室、普通阅览室、特别阅览室和杂志报章阅览室，针对不同的群体提供个性化的服务。

在民国以前，中国的藏书楼制度已绵延数千年，读书仅是皇家权贵和少数知识分子的权利。虽然辛亥革命以后陆续兴建了省立图书馆、学校图书馆，但实际上只是建立馆舍、征集图书、整理库藏，大多数图书馆都给人一种高高在上、拒人千里的印象，致使民众“不以图书馆为公所衙署之望而生畏，即以图书馆为翰苑学府之高不可攀”。

民国时期的图书馆人在社会阅读实践中，处处体现出了改革的气魄和创新的意识。为了“不让任何地方的人们读不到任何种类的好书，不让任何种类的好书流通不到任何辽远偏僻的地方”，民国时期的图书馆人积极主动地服务大众，开设巡回文库是图书馆为馆外读者提供文献流通服务的另一种有效方式。图书馆人把目光转向民众聚集的地方，在城市、乡村、工厂、寺庙、教堂、茶馆乃至监狱等处设立阅报处或阅览点。为了方便图书流通，积极尝试通信借书、巡回借书、陈列图书、车送借书和代理图书等多种服务形式，读者不必到图书馆即可便利地借阅图书，有的方法至今仍为现代图书馆所沿用，满足了民众不断增长的阅读需求，在社会教育方面发挥了重要的作用。

巡回文库是通俗图书馆以及后来的民众教育馆一直坚持并不断创新的一种服务形式。馆方主动与学校、商店、茶馆、村公所等机构合作，根据地点不同，巡回文库或固定、或流动，有时设在固定的地点，如机关、学校、工厂、茶馆等处；有时无固定地点，凡民众集聚之处、热闹的公共场所均可。

巡回文库作为近代西方公共图书馆的一项十分重要的社区图书馆服务形式，在近代中国亦有实践。根据记载，早在清光绪十九年（1893年），上海图书馆就在主要的三处警务署，即中央、虹口与老闸，免费向读者开放阅览，这是我国最早的巡回文库服务。巡回文库在民国初年即开始尝试，韦棣华女士创办的文华公书林于1914年推行巡回文库，自此巡回文库开始广为民众所接受，并不断发展。

由于巡回文库具有经济性、灵活性和便捷性，且方便社会大众借阅文献，获得了良好的社会效益。民国时期不仅许多公共图书馆设立了巡回文库，还有许多大中小学图书馆、民众教育馆、单位图书馆等也设立了巡回文库，为社会公众提供文献借阅服务。

1934 年 5 月，湖北省立图书馆开始在武汉市内举办流通图书馆，设流通书库 4 个，各储通俗图书 2000 余种，每日派员领运各类通俗图书及各种报章杂志，分赴省会各区公共场所或茶寮附近民众稠密之处，包括黄鹤楼、抱冰堂等处，都有省馆流通书库的身影。

此外，当时武昌的民众教育馆和学校也都积极提供了各种方式的巡回文库服务。这些巡回文库多服务于基层民众，满足普通读者的共性需求，有力地促进了民国时期武汉地区的社会发展与转型。在公共性巡回文库之外，也同时存在着专门服务于师生等特定群体的专业性巡回文库，例如湖北省立实验民众教育馆主办的私塾巡回文库，它便是近代武汉专业性巡回文库的典范。

还有部分图书馆将图书放置在轮船、火车等交通工具上，供旅客或职员借阅，使他们既可以消遣旅途中漫长的时光，又可以增长知识。鉴于这种文库的特殊性，图书馆往往会选择一些通俗读物或者杂志放在文库中。浙江省立温中附小民众巡回文库设在如永华、永瑞、永乐、瑞平等内河汽轮及外江小汽轮中，每个文库内存放民众文艺类书籍 20 册、常识类书籍 40 册，每双月月尾两天收回调换，由轮船上的账房代为管理图书出纳和保管事宜，服务时间为开船 5 分钟后和抵埠前 10 分钟之间，旅客只需提供船票作为凭证，即可享受一段特殊的阅读时光。1934 年，陶行知先生在上海创办了萧场儿童流通图书馆，除了为读者提供馆内文献服务外，每天下午 4 点钟放学后，由该馆主任、干事、小先生、顾问等挑着书担将书籍送往各村，选择某个合适的地点，便可以向民众开放借阅，这种活动各村每周至少会有 1 次。

抗日战争爆发后，由于日本侵略军对文化机构的轰炸，许多图书馆被毁，但是仍有许多巡回文库继续为社会各界提供服务。私立武昌文华图书馆学专科学校（以下简称“文华图专”）在西迁过程中屡遭空袭，损失了许多图书，但即使在这种极其艰苦的环境下，该校巡回文库仍继续提供服务，并成为该校社会教育的惯例。西迁重庆时，该校的服务对象由一般商店店员、住户转向伤兵、医护人员，文库工作人员比平时更为积极，颇受社会好评。自抗战以后，巡回文库受当时战争的影响，并没有取得开拓性的发展，但业已开放的巡回文库依旧采取各种措施，尽其所能服务社会各界。

第五节　砥砺前行

1911 年秋，武昌首义成功。省馆经历变革，书籍多有散佚残缺。湖北军政府成立后，派人整理恢复，每年拨给经费 5500 元。此后数年，经费增减无定。1912 年 4 月，馆内设公众阅报所。

1914—1919 年，省馆每年经费减为一千四五百元，工作很难开展，为了继续开馆，只能仰仗社会捐款，直到 1924 年，依然“不足则以阅览收费津贴开支”。当时来馆读者并不多，1916 年，每月平均阅览人数为 900 人；1917 年，每季度阅览人数约为 1400 ～ 1500 人。

1926 年底，北伐军攻克武昌，在首义公园、抚院街、孤老院、武胜门等处陆续兴办了 6 所通俗图书馆，以便民众阅读。国民革命军总司令部为了配合革命形势的发展，向群众宣传革命理论，委派钱介磐、李汉俊、章伯钧筹备革命文化图书馆（见《汉口民国日报》民国十六年一月八日血光社报道），附设在省馆内。筹办工作就绪后，时任省馆馆长的钱介磐兼任革命文化图书馆馆长。

革命文化图书馆于1927年1月1日开馆，“惟因上海、广州等处书籍，路远不能运到，仅有书籍1200部”。该馆设有两个阅书室和一个阅报室，另设一个特别参考室，“以备研究高深革命理论者之用”。当时平均每天到馆的读者有240人左右，其中看书者80人，看报者160人。

同年2月18日，湖北政务委员会第二十四次会议决定委任李达为湖北省图书馆馆长，兼任革命文化图书馆馆长。

后来由于大革命失败，图书馆事业受到毁灭性的打击。据查，当时陈列的革命文献资料已经全部丢失。

1927年，湖北革命文化图书馆关闭，其所设的6个通俗图书馆也关闭了5个。1929年，通俗图书馆改为通俗教育馆；1931年位于兰陵街的通俗教育馆改为实验民众教育馆。1932年，除保留此馆外，其余通俗图书馆一律裁撤。

当时的武昌，还有一所特殊的图书馆。1922年，太虚大师在武昌创立了第一所最为正规、最具影响的佛学高等学府——武昌佛学院。创建之初，院内便设有一间经像图书馆。1932年，太虚将其改组为世界佛学苑图书馆，其藏书除佛教图书外，还包括其他学科图书共计22428种、24230册、111000卷。

1934年5月，省馆也顺应民众需求，开始在武汉市内办流通图书馆，共设4个书库，藏有2000余种图书。据《湖北省图书馆百年纪事》中记载，7月16日的《武汉日报》载：“昨天，在黄鹤楼警钟楼下各界民众多人，围集库前，翻阅书目，各就其性所喜者，纷纷取阅，莫不人手一编，亦有上等人士，参杂其中，咸以游览之余闲，获读书之机会，称为快事；将来逐渐推广，遍行各地，诚一般民众这福音也。”馆长谈锡恩又以“武昌省会城市区域辽阔，非在城市区各处流通展览，不足以收宏效”为由，决定利用暑期“作普遍之流动展览”，每处展览期为一至两星期。7 月 18 日，展览在保安门等处开展。

1934 年 2 月，经谈锡恩多方奔走呼吁，湖北省政府委员会第二十七次会议决定在武昌蛇山抱冰堂下空地（即现址）为省馆建设新的馆舍，并由此组织建筑委员会负责筹划，聘请社会名流李书城、沈祖荣等 19 人为建筑委员会委员，最初拟议建筑费 20 万元，向国内外发出募捐函电 730 余通。沔阳藏书家卢木斋捐献所刻印的《湖北先正遗书》300 部，出售得书款 2 万余元作为建筑经费。梁鼎芬亦有捐助。后因经费未能筹足，遂改定为建筑费 10 万元。1935 年 10 月 1 日，省馆新馆于蛇山脚下奠基，奠基碑下埋置一个铝制奠基盒，内有图书馆木制模型照片一张，以及绢册、委员名册、合同草案、建筑章程等各一份。次年 7 月，馆舍工程完工。1937 年，馆内装上钢铁书架;10 月，珍贵书籍先移存新馆，但尚未正式开放。

1931 年 9 月 18 日，九一八事变爆发，这是中国抗日战争的起点，也揭开了世界反法西斯战争的序幕。自 1932 年 2 月东北全境沦陷，日本建立伪满洲国傀儡政权，至 1938 年 10 月 25 日武汉沦陷，刚刚起步的中国近现代公共图书馆事业也遭到了重创。

武汉沦陷之前，国民政府令各职能部门西迁，留存薪火以图抗日救亡，图书馆也奉命踏上了西行之路。湖北武昌自张之洞以来业已形成的图书馆事业受到破坏。在时任馆长谈锡恩、刘子亚等人的领导下，省馆于 1938 年 6 月奉命西迁，辗转宜昌、秭归，最终到达恩施。西迁路上，省馆只要有机会便开放阅览，并在恩施迅速恢复了职能，着力从各方收集、采购图书。1942 年，馆藏数量便超过了在汉时的水平。

1938 年 11 月，省馆所藏中外文重要图书安全运到秭归，中文古旧书和西文书存放在秭归、兴山两县交界的游家河岩洞内，在秭归新滩杜家祠开辟了阅览室，将一部分中文新书开放借阅，每天接待读者约 120 人，这样坚持了一年。1939 年 8 月 5 日，馆方派人到巴东接收了省教育厅转来的杨守敬藏书 6093 册、图 80 幅，将其搬到兴山兴隆寺。由于湖北省政府已迁到恩施，省馆也于 1939 年 3 月搬迁恩施。这次搬迁，前后历时三年。到恩施后，在艰难的条件下，省馆先后在五峰山、土桥坝、舞阳坝等处开放了阅览室。

率领全馆西迁恩施的馆长谈锡恩于 1941 年 8 月退休，刘子亚、林振声、张翩和舒澄宇相继任馆长。省馆为恩施民众准备阅读场所、提供阅读资料达七年之久，于 1946 年 8 月迁复武昌。

抗战时期，国统区通货膨胀；解放战争时期，国民政府无暇顾及文化建设，省馆的经费一度没有定额，仅将 1942 年与 1947 年的款额抄出，以见一斑：

1942 年全年经费由省教育厅拨给 52440 元，按月平均为 4370 元。此外每月有“战时加给费”630 元，所以每月开支经费 5000 元。除薪饷外，每月尚余 1840 元做办公费和购书费。这就是说，买书订报的钱是很少的。

1947 年全年经费为 1451404 元，购书费开支了 783400 元。购书数目虽然不小，但并不曾买到多少书。《三十六年度工作报告》说：“……本年因经费支绌，仅购置图书九十一册，杂志五八二册，报章三十五份。”

同时西迁的还有文华图专。1938 年，文华公书林部分资料留存在原建筑之中，人员则随文华图专西迁重庆，仅由文华图专教师、文华公书林西文编目主任范礼煌一人留守。此后战乱中遭劫，仅剩空壳，世上再无文华公书林。

1952 年 9 月，武昌文化馆图书室建立，其是武昌区图书馆的前身。1978 年 8 月武昌区图书馆成立，与区文化馆合署办公，馆址位于民主路 221 号。

第二章
民智启迪

第一节　藏书楼演变

中国古代藏书楼是中国图书馆的前身，泛指我国古代官方机构、民间团体、私人收藏图书文献典籍的建筑物，同时也是藏书的主人、学者、读书人研读、收录、考订、校雠图书的场所。中国古代藏书楼主要是以收集图书文献典籍为根本目的，注重一个“藏”字；有些藏书楼的主人还根据自己的收藏，从中筛选、整理、刊行大量的图书文献典籍。古代藏书楼里保存了大量珍贵的各朝历代的典章制度、科考制度、皇家大事，及天文、历史、地理、历法等各类图籍。

我国古代藏书或藏书楼经历了一个漫长的历史发展过程。商周时期，文化上“学在官府”，藏书上则是“官守其书”，贵族统治阶级之外的广大人民与文化和图书无缘。春秋末年，孔子通过毕生的文化教育活动，变“学在官府”为“学在民间”，众多的平民因此有了阅读图书的可能。东汉之后，纸张出现并逐渐成为图书文献的主要载体，图书的传抄和普及变得更为容易，于是社会上开始有了一些官府藏书机构之外的文献收藏之处。唐宋之际，雕版印刷出现并在全社会普及，促进了书籍的生产和流通，图书的收藏和利用水平进一步提高，各种类型的藏书楼骤然增多，逐渐形成了颇具特色的包括官府藏书楼、私家藏书楼、寺院藏书楼、书院藏书楼在内的四类藏书楼体系，这几种藏书楼互为借鉴、互为补充，于保存、整理和研究我们古代学术文化功莫大焉。

中国历史上有千余座藏书楼，现存于世的大概不超过 120 座。古代藏书楼的本质是私家财产，藏书是一种个人或一定范围内小团体的行为，特别是传统的私家藏书楼，以个人力量管理数量庞大的私人藏书是极为困难的，这也是古代藏书楼难以为继的一个原因。

戊戌变法时，各地兴办学会藏书楼，学会藏书楼的章程中曾提到建立藏书楼的目的是“以广见闻而开风气，上以广先圣孔子之教，下以成国家有用之才”。1901 年，何熙年建议皖（安徽）省开办藏书楼，即为“备讲求实学、转移风气之用”。作为古越藏书楼主人的徐树兰则提出，开办藏书楼“宗旨有二：一曰存古；一曰开新”。罗振玉在《京师创设图书馆私议》中认为，建立京师图书馆应“择地”，应建于“往来便而远市嚣、不易罹火灾之处”。该馆建立之初，由官府“赐书而立其基”，并且提倡开民间献书之路，征集各地志书，采访外国图书。总之，图书馆的建立，保固有之国粹，而进以世界之知识，是一举两得之事。

近代以来，以公共图书馆取代古代藏书楼成为社会共识，在一些有识之士的大力宣传以及政府的积极推广下，图书馆在全国各地设立起来。

近代图书馆的出现，是我国文献收藏史上最为重大的一次变革，一大批与以往藏书楼截然不同的、新型的近代图书馆在社会上涌现出来。

这场变革的实质，就是从藏书楼到图书馆的历史嬗变。纵观 19 世纪后期，一些西方国家已经普遍建立了由国家图书馆、公共图书馆及学校图书馆组成的图书馆体系，关于西方图书馆的信息通过各种渠道和方式源源不断地传入中国。西风东渐，旧式藏书楼逐步消亡，退出历史舞台，新型图书馆产生并逐渐占据主导地位，便是西方思想文化和图书馆观念、技术传入中国的直接产物。可以说，中国的图书及图书馆事业是在这场变革中产生的。

19 世纪 60 年代后期，随着中外交流日益频繁，一些驻外使节和出洋留学的知识分子及倡导维新变法的学者、朝臣，如冯桂芬、郭嵩焘、曾纪泽、王韬、马建忠、薛福成、郑观应等，在其著作、游记、日记中介绍了西方的图书馆事业，重点介绍了外国图书馆对公众开放的明智举措，在这种文化氛围中，我国近代图书馆观念产生了。进入 19 世纪 90 年代，创办图书馆的社会舆论达到高潮，中国具有近代性质的图书馆已初露端倪。当时英、法、美、德、俄等国国内遍设各级各类图书馆，尤其是图书馆的阅览规则、图书管理方法和先进技术、图书在民众中的流通状况和藏书利用程度，与当时清朝藏书楼的状况形成了强烈的反差。当西方传教士踏上古老的中国大地，便在中国的一些城市的教堂和教会大学中创建了一座座令中国藏书家瞠目结舌的、明显居于先进水平的新式图书馆，从而开启了中国古代藏书楼走向近代图书馆的进程。

1847 年，耶稣会传教士在上海建立了徐家汇天主堂藏书楼，在北京西什库天主教堂创办了北堂图书馆；1894 年，圣约翰大学图书馆在上海创办，并于 1915 年实行开架阅览；1903 年，文华公书林在武汉建立，将文华大学的中西文图书期刊公开陈列，向世人开放，打破了旧式的藏书楼观念。西方传教士在中国创办的这些近代图书馆，带来了西方近代图书馆建设的思想、管理方法，以及公开、开放、共享的观念，打破了古代藏书楼单纯以藏书为主要目的的桎梏，使藏书楼的大门向社会敞开，并逐步形成了组织读者阅读图书馆藏书这一有别于古代藏书楼的方式。这些“启蒙”和“示范”，客观上刺激了中国近代图书馆的产生，加速了中国古代藏书楼向近代图书馆的转变。

19 世纪末，西方列强的侵略、清王朝的腐败，促使维新派提出了多样的社会改良主张并付诸行动，其中文化教育方面就包含了创办学校、翻译书籍、创办报馆、建立图书馆等内容。他们不仅培养了人才，也带来了人们对知识、信息的需求，刺激了西方图书的翻译，促进了新书的传播。旧有藏书机构已不能满足人们的需求，社会文化传播有赖于新的机构。实际上，中国古代藏书楼与近代图书馆是两个性质迥异的实体。古代藏书楼虽然藏书丰富，但一般都属于政府或个人，石渠金匮，视若鸿宝，以封闭性的私藏为主，重视图书的购藏、校雠、抄刻，并不对外开放，对普通民众无益，使用率低；而近代图书馆则以公共藏书为主，注重图书的分类、使用、传播，满足民众广览之需，公开、公用成为近代图书馆发展的方向。古代藏书楼按经、史、子、集四部来划分和组织图书，而近代图书馆则大力收藏西书和新书，更多地借鉴了如杜威十进分类法等西方图书分类法。

1902 年古越藏书楼对公众开放，标志着私家藏书楼开始向近代图书馆转变。古越藏书楼的主人徐树兰在《古越藏书楼章程》中阐述了藏书楼为研究者、译书者的长期研究提供资料的功能，含有当代研究图书馆的意味；还规定读者可自备膳资，委托藏书楼内的厨师代办三餐，馆内免费供应茶水等，已经显现出现代图书馆的服务意识。

中国近代的图书馆最早采用卡片目录的是上海亚洲文化中国支会图书馆，它打破了用中国古代四部法给图书分类的传统。格致书院藏书楼曾号称“第一所为谋华人读者便利的图书馆”，时人亦有“慧我士林”之誉。在中国最早实行开架式借阅制度的是圣约翰大学图书馆和文华公书林，这在当时中国是绝无仅有的，也是先进的，在当时欧美也只有少数图书馆试行。在服务读者的方式上，位于武昌的文华公书林不仅对文华大学师生开放，还对武汉三镇的公众开放，同时举办公开演讲会、读书会、故事会、音乐会等活动，吸引读者上门。1914 年，文华公书林还创办了“巡回图书馆”，选择一些优秀图书，在一些离公书林较远的学校和单位设点，就近流通、送书上门，每隔数周更换一次图书，各校间互调图书。图书馆面向社会、开架借阅、送书上门的服务方式，是对封建藏书楼的最强有力的挑战，是图书馆事业历史性的重大转折，充分说明了近代中国的图书馆已经将大门敞开，向全体社会成员开放。

第二节　书院集成

书院是我国历史上一种重要的教育组织形式，是朝廷官员、社会贤达藏书、读书、教书、讲书、著书、校书、刻书，进行文化创造、交流、传播与积累的地方。书院始见于唐代，唐开元五年（717 年），唐玄宗命人建立丽正书院，主要是为了修书、编书，这是官办的书院。而民间的书院则主要是为了教学，如龙溪的松州书院，院内主要安排讲学，向学子传授文化知识，后来逐渐演变为集讲学、藏书两大职能为一体的机构。此后，许多书院相继创建，包括知名度极高的岳麓书院、应天府书院、嵩阳书院、石鼓书院等。到了宋代，官府和私人都竞相兴办书院，一片繁荣，出现了一些著名的书院，其数量之多、规模之大、组织之严密、制度之完善，都是空前的，几乎取代了官学，成为主要的教育机构。吕祖谦在《白鹿洞书院记》中把嵩阳书院、岳麓书院、睢阳书院、白鹿洞书院称为“天下四大书院”。清初，统治者曾采取抑制书院的发展的政策，直至雍正十一年（1733 年）才令各省会设书院，书院又变成了官府的教育机构，成为秀才备考科举的地方，后全国书院发展到 2000 余所，数量大大超过前代。武昌城内的书院始于明朝初年，到清末已有书院 13 所，包括：

东山书院，明成化年间创办，一说嘉靖年间创办，设在武昌黄鹄山东，相传为东方朔读书处。

濂溪书院，明正德年间由提使高世太建成，设在武昌文昌门。明嘉靖二十四年（1545 年）由都御使张雨改建，明崇祯六年（1633 年）由御史白士麟移建于明月桥，右为濂溪祠。

寿昌书院，明崇祯年间设在武昌城东。

勺庭书院，清康熙三十九年（1700 年）创办，设在武昌忠孝门胭脂山朱家巷，1903 年改为武昌府中学堂，后改为勺庭中学。

大观书院，创建于清同治初年，设在大观山侧（今武昌蛇山南），光绪三十二年（1906 年）改为江夏初等商业小学堂。

高观书院，清光绪十年（1884 年）创建，设在武昌宾阳门高观山，1906 年改为江夏高等小学堂。

紫荆书院，创建时间不详，设在武昌忠孝门外。

清风书院，创建时间不详，设在武昌蛇山南、清风桥西。

张公书院，创建时间不详。清光绪十六年（1890 年）江夏县城镇图上载此书院名，设在武昌北城角。

大槐书院，创建时间不详。清光绪十六年（1890 年）江夏县城镇图上载此书院名，设在武昌后宰门东端。

各书院中，勺庭书院颇有声望。其督学薄有德在《勺庭书院记》中记载："余另镌《榕树藏书》，乃于城之东北，得废宅十余椽，以书价学金购之，为藏书所，以所刻书悉贮于是。"据此可知，武昌勺庭书院当时刻书品种和数量均不少。后来书院尽毁。

江汉书院、经心书院和两湖书院并称为武昌府"三大书院"。

江汉书院，因长江、汉水二水而得名，明洪武二年（1369 年）由湖北提学使葛寅亮主持创办。书院初址在武昌文昌门内，清顺治年间定为直省书院，迁至忠孝门内巡道岭，即今粮道街与棋盘街交叉口西北侧的武汉中学老校舍处。康熙年间，巡抚陈洗、张连登等次第修葺，巡抚林天擎集多士肄业，捐资供给。雍正年间，朝廷赐帑金千两，总督德沛又捐资若干，规模有所扩大。

江汉书院于咸丰三年（1853 年）太平军占领武昌时被毁，同治元年（1862 年）由湖广总督官文和邑绅陈庆溥集资重建。1867 年，书院山长雷以诚呈请鄂督李鸿章批准，进行扩建，补修了斋舍，建文昌阁、魁星阁、十贤祠、德教祠，学额逐渐由 60 名增加到 240 余名。次年，任湖北学政的张之洞到各府主持考试，将各府诸生中的才学优秀者送江汉书院学习，除补贴学生学习费用外，还捐资购买经史书籍放置在学院内，以便学生们育习研摩，专务实学。院内课程内容主要是"四书五经"和宋明先儒著作，按月开设"官课"和"师课"。"官课"由上至总督，下至知府、县令等各级官员亲自授课；"师课"则由书院院长每月亲自授课一次。官课考试合格者有奖金；师课考试合格者只发放学习费用而无奖金。当时的肄业生员达 2400 名。

1897 年，已为湖广总督的张之洞根据新形势，在推进"湖北新政"的过程中借鉴西方的办学模式对江汉书院进行改革。除传统课程外，新增天文、地理、算学、兵法等科目，其新科目的专科老师多由经心书院分教习（教师）兼任。光绪二十八年（1902 年）江汉书院并入经心书院，并改名为“勤成学堂”；1906 年，在其旧院址开设“武昌支郡师范学堂”。

武昌支郡师范学堂是张之洞在湖北办新学的过程中，为培养湖北各府、州、县的师资而专门开办的师范专科学校，是中国最早的师范专科学校。学生为从各州、府招录的教师、学生各 100 名，此校被称作“一堂”，此后陆续于巡道岭、黄土坡、昙华林、贡院各处开办了“八堂”，学制一年半，开设课程与两湖总师范学堂相同。

清同治八年（1869 年），时任湖北学政的张之洞以江汉书院规模太小、不足以容纳更多的生员为由，向湖广总督兼湖北巡抚李鸿章申请开办经心书院。书院初设在武昌三道街西侧的文昌宫，第二年迁至今解放路书院巷的火星堂，取名“文昌书院”，不久正式定名为“经心书院”。

光绪十七年（1891 年），清前湖北学政赵尚辅等人将自己的年奉捐出来，将书院又迁回三道街原址，更名为“经心精舍”。书院占地面积很大，住宿条件优越，学生宿舍分经、义、治、事四斋，每斋有宿舍 8 栋，每栋 20 间寝室，共计 640 间寝室，学生每人一寝室。书院后的山上还建有天文台一座。进书院学习的学生，由学政在各县诸生中亲自选拔调取，年龄限在 25 岁以下，5 年为一学期。学期结束，成绩优秀者给予奖励，酌情由官府任用；成绩不合格者则退回原籍。初期书院课程与旧式书院无异，有经解、史论、诗赋、杂著等。

清光绪二十四年（1898 年），张之洞改革旧式书院，仿行西方分科教学的方法。经心精舍增开外文、天文、格致、制造等四门课程，分年轮流开课；另设经史一门，讲授《四书》和中国历史。

光绪三十三年（1907 年），为保存国粹，养成传习中学之师资，张之洞将武昌经心书院改建为湖北存古学堂，宗旨为保存本国“最为精美擅长之学术、技能、礼教风尚”，以养成其“爱国之心思，乐群之情性”。学堂招收举人和贡、廪、增、附生，专聘博通中学经史诸学、各门学问之师儒为教员，分经学、史学、辞章、博览等门，亦兼习兵操。七年制，学额 240 名，至此，经心书院已经演变成为新式学堂。

光绪三十四年后，江苏等省也仿照湖北设立学堂。宣统三年（1911 年），清政府公布《存古学堂章程》，在学制中另成系统。学堂广储旧学图书、金石、名人翰墨、前代礼器等。

光绪十六年（1890 年），张之洞于武昌营坊口都司湖畔创建两湖书院，经费主要出自湘、鄂两省茶商捐资，故名“两湖书院”。书院专取两湖士子入学肄业，每省员额 200 名，另为报答茶商资助，专录商籍学生 40 人。院内课程分经学、史学、理学、文学四门，还可兼习有关科目，另设算学、经济两门为兼习课。每月朔日为官课，望日为分教师课，称为“朔课”“望课”。各课延聘名师分教，著名的地理学家和书法家杨守敬、数学家和翻译家华蘅芳、音韵学家沈勇植，以及易顺鼎、杨锐、汪康年、姚晋圻、周树模、陈三立、屠寄、邹代钧等名流都曾在该院任教。

两湖书院不设山长，而设提调一人主管，监院二人副之。后改提调为院长，以梁鼎芬充任，继任者有蒯光典、王同愈、黄绍箕等。每月官、师二课都严于考核，学生成绩提高很快。1893 年乡试时，该院肄业生中试者达 23 人之多。1896 年书院仿学堂办法进行改革，月课改为日课，分经、史、舆地、算学四门，后又增设格致、兵法、体操等课，提倡分门研究学问，崇尚实务，鼓励书院学生发奋攻读，“以期于他日成就，出为名臣，处为名儒”。后采用分班按日上课制，诸生按日上堂听课、做笔记，分教按日查斋，严格管理；每学期大考一次，张之洞亲临主持。后改选调制为招考录取制，保证了生源质量。

两湖书院学制 5 年，合格者择优咨送请奖录用，不合格者令其归家，有一部分优秀学生还由官费送出国深造。自立军领导人唐才常、辛亥革命领袖黄兴等都曾是两湖书院的学生。

1903 年，两湖书院改为文高等学堂，亦称两湖大学堂。1906 年，张之洞又拨款 43000 两，再为“两湖总师范学堂”，附设初等、高等小学各一，作为学生实习之处所，学堂规模也进一步扩大，计划招生 1200 名，实招 700 多名。与书院相比，学堂制是逐渐与西方学制接轨的过渡形式。我国著名地质学家李四光（1889—1971）即为该学堂的毕业生。

早在 1890 年两湖书院开设之时，张之洞就设有南、北两个书库，南书库为一般阅览室，备有一般书籍和报刊，供学生自由阅览；北书库为资料藏书处，供教员教学和研究考查使用。经过几年积累，书库藏书达 4 万余卷，“经、史、子、集均皆备有”。

1904 年省馆创立后，除了端方派员在沪并往日本购买的各种图书、标本、形模等件外，以上三个书院的遗存书籍也充实了该馆的初期馆藏。《湖北教育学刊》1933 年第 1 卷第 1 期上刊载了谈锡恩《湖北省立图书馆概况》一文，文中称该馆馆址在武昌兰陵街，前清时为博文书院，经湖广总督张之洞与西人巴修龄（博文书院创办人）交涉，以宾阳门外地皮调换，收书院为省有，即以之创建省立图书馆，并先后将各学堂遗存书籍集中在此储藏，馆藏尚称丰富。

谈锡恩所言“各学堂遗存书籍”，即来自原江汉书院、经心书院和两湖书院的书籍。1930 年毕斗山在《湖北省立图书馆概况》一文中指出，当时有“天下奇书，为文襄搜罗殆尽”之说，以藏书而言，诚有过于兰台、石室之所储。因脱胎于学堂应用图书馆，晚至民国十八年（1929年），省馆仍设有教育品陈列室，分别陈列博物标本、理化仪器、各学校成绩等。

今天的湖北省图书馆，依然珍藏着大书“南库”“北库”字样的原两湖书院书柜，藏书钤有“两湖书院北库藏书”“两湖书院南库藏书”者不胜枚举，钤“湖北经心书院珍藏”“经心书院监院钤记”“江汉书院藏书”等印者亦为数不少。

第三节　天堂之所

世界上最早的通俗图书馆要数1852年设在英国曼彻斯特的公共图书馆，早于中国60年。两年后德国柏林也开设了此类图书馆。这些图书馆主张收藏娱乐方面的图书供人阅览和外借，同时规定借阅既不收租金也不收保证金，各国通俗图书馆的办馆宗旨及借阅方式都很相似，为普通百姓获取知识提供了便利。1915年陆规亮撰写的《通俗图书馆》就是最早介绍外国这方面情况的专门文章。1917年，通俗教育研究会翻译的日本《图书馆小谈》中，提到过日本通俗图书馆的概况，算是较早介绍到中国的著作了，但中国出现通俗图书馆也已是四年之后的事了。

1913年10月初，天津、安徽等地先后出现了国内最早的通俗图书馆，最具代表意义和影响力的当属京师通俗图书馆，该馆于1913年10月21日在北京宣武门街路西抄手胡同口成立，鲁迅先生曾亲自主持了成立仪式。鲁迅先生当日日记有云：“午后通俗图书馆开馆，赴之。”这座图书馆是继京师图书馆之后第二座向社会开放的公共图书馆，京师图书馆分馆的开放还在它之后。该馆附设公众体育场、新闻阅报所各一处，“以启发一般人民普通必要之知识为主，采集之图书，人民必需且易晓者为宜”。

鲁迅先生一生中为图书馆事业作出了不少的努力。他从民国初年担任教育部社会教育司第一科科长时开始，就专门主持图书馆工作。通俗图书馆在业务上属社会教育司第一科领导，因此，鲁迅先生常因工作关系到这里来。鲁迅先生1914年8月18日日记云：“下午同徐吉轩至通俗图书馆小坐，次长亦至。”同年12月22日日记云：“午后同徐吉轩、许季上至通俗图书馆检阅小说。”便是到通俗图书馆来检查工作。鲁迅先生对这个以普通市民和儿童为服务对象的图书馆十分关心，曾多次向这座图书馆赠书，包括经他校阅过的翻译小说《炭画》，以及由他参与编辑和撰稿的《新青年》《绍兴教育会月刊》等杂志。

京师通俗图书馆的馆址起初是在宣武门内路西的一个院子里，1917年搬到中山公园的大殿，即后来的中山堂。但不久后，图书馆方与公园方发生了矛盾，于是又搬到了宣武门内头发胡同22号原清朝翰林讲习馆旧址。通俗图书馆原址现在基本保存完好，现在头发胡同63号。灰砖砌成的半圆形门洞，两扇红漆大木门，这座前清翰林讲习所是座典型的中国四合院，两进院落，房屋高大结实，院落十分宽敞。

头发胡同位于当时的教育部、女子师范大学以南，步行大约十分钟的路程，鲁迅先生在办公和教学的间隙经常到通俗图书馆借书，居京的十余年间，对它有深厚的感情。鲁迅先生1920年2月25日日记云：“晴。午后往通俗图书馆借书。”1923年12月29日日记云：“午后往通俗图书馆换书。”可见该馆为先生提供了不少有用的图书资料。在名篇《伤逝》中，鲁迅先生借主人公涓生之口写道：“我终于在通俗图书馆里觅得了我的天堂。”可见民国时期所设立的通俗图书馆在当时知识分子心中所占的地位，以及他们对图书馆的那种浓浓情意。

在《小说旧闻钞》再版前言中，鲁迅先生回顾并追述了十多年前自己在京师通俗图书馆等处潜心向学的情景，即便是在多年以后，字里行间仍怀着依依深情：“中国乡村和小城市，现在恐无可去之处，我还是喜欢北京，单是那一个图书馆，就可以给我许多便利。”

1915 年，鲁迅先生主持制定《通俗图书馆规程》，规定了各省应设立通俗图书馆、收集通俗图书供公众阅览等，推动和促进了通俗图书馆在各地的发展。有关内容摘录如下：

> 第一条 各省治县治应设通俗图书馆储集各种通俗图书供公众之阅览。各自治区得视地方情况设置之。私人或公共团体公科学校及工场得设立通俗图书馆。
>
> 第七条 通俗图书馆不征收阅览费。
>
> 第九条 通俗图书馆得附设公众体操场。
>
> 第十条 私人以资财设立或捐助通俗图书馆者由地方长官依照捐资兴学褒奖条例咨陈教育部核明给奖。

《通俗图书馆规程》详细规定了通俗图书馆设立的目的、适宜设立的地区、图书馆藏书规定、内部运作方式、经费划拨等内容，这是通俗图书馆制度化的基础，之后，政府以制度的形式先后规范了通俗图书馆和通俗教育，颁布了一系列章程，如《通俗演讲传习所办法》《通俗教育讲演所规程》《通俗教育研究会章程》等。正是由于图书馆为公众服务、为普通民众服务的思想成了主导，才使图书馆在政府的推动下迅速发展。在此基础上，比一般公共图书馆更接近民众、阅览门槛更低的通俗图书馆才格外引人关注，成了为广大民众服务的教育机构。民国政府教育部颁布的《通俗图书馆规程》是指导性的制度总则，各省参照上述规程制定了省通俗图书馆规程，在具体运行中虽然会有所区别，但大致未脱离总则的规定。

《通俗图书馆规程》颁布后，京师通俗图书馆也有较大的发展。1916年，该馆藏书仅1400余种，平均每日读者620余人；到了1918年，藏书增至15460种。据统计，1915—1918年，该馆每日图书流通量达800余册次。“阅览者尚称繁盛”，固然与该馆“其地即当要冲”有关，更重要的是新书种类繁多，约占藏书总量的80%，因而颇受广大读者的欢迎。

根据1916年《教育公报》第三年第十期发布的《各省通俗图书馆调查表》可知，1916年，全国公立、私立通俗图书馆已达237个。在所列的21个省中，湖北不仅图书馆数量最多，有44个，遥遥领先于其他各省（其次是沈阳35个，山东23个，河南22个，福建、浙江均为21个，其他地区都在10个以内）；而且在全年经费、藏书总数、每日平均阅览人数等各项指标上均位列第一，分别为13800元、18000部和1800人，仅规模宏大的省馆一处的阅览者，平均每日即可达600人。

1934年中国图书馆协会再次统计，在当时国内的2818所图书馆中，有1002所为通俗图书馆，占总量的35.5%。通俗图书馆是民国初年广泛建立起来的社会文化教育机构，它不仅是公共图书馆，更是教育民众、传播知识的基地。通俗图书馆开展的社会教育与学校教育不同，它涵盖的范围更广，不仅有识字教育、一般文化知识教育，还有职业教育、专业教育等多方面的内容。

1923年《通俗旬报》第九期曾对湖北地区通俗图书馆扩大规模的情况进行了报道，称“添置通俗报业百余种，陈列室中，共同阅览，无论何人，皆可随时出入，因此一般工人利用工作暇余，以获各种知识”。

1927 年 3 月 18 日，《汉口民国日报》上登载了《湖北省立通俗图书馆规程》和《湖北各县市通俗图书馆规程》，前者提到“为便利民众阅读图书……就武昌城内外暂设通俗图书馆五所如下：第一通俗图书馆在首义公园、第二通俗图书馆在湖上园前门、第三通俗图书馆在抚院街、第四通俗图书馆在孤老院、第五通俗图书馆在武胜门外”；后者第一条即指出“各县市至少须设通俗图书馆一所”。两个规程对通俗图书馆馆长任命、馆员选聘及职责、办馆经费、人员薪资、日常管理等都做了明确要求。特别值得一提的是，《湖北各县市通俗图书馆规程》中第十二条明确规定“通俗图书馆不得征收阅览费”。

1928 年《湖北教育公报》第一卷第一期刊登了《湖北省立武汉通俗图书馆通则》和《湖北各县市通俗图书馆暂行条例》。《湖北省立武汉通俗图书馆通则》较 1927 年的《湖北省立通俗图书馆规程》更为详尽，明确规定“凡在武汉设立之通俗图书馆均由本厅直接管辖”，特别设立第五条“各馆馆员均须常用驻馆不得兼任其他职务”、第六条“每日阅览时间上午九时至十二时下午一时至六时，星期日照常开馆，星期一休息”，对通俗图书馆人员的管理更为严格，明确了通俗图书馆开放时间。值得注意的是，1928 年公布的《湖北省立武汉通俗图书馆通则》依然回避阅览是否收费这个问题，而同时公布的《湖北各县市通俗图书馆暂行条例》第八条则再次强调“通俗图书馆不得征收阅览费”，也反映了当时各地通俗图书馆服务的差异性。

通俗图书馆在发展过程中，形成了区别于其他类型图书馆的一整套独特的活动形式，讲求实效，方式简便。省、市、县、区及学校、工厂、公共团体和私人可根据条件设置通俗图书馆，而在尚不具备设馆条件的地方，可因陋就简，设立阅览所，并有市、县的定期巡回文库在没有设馆的地方开展借阅流通活动，借阅手续简便灵活是各地通俗图书馆的共同特点，《湖北各县市通俗图书馆暂行条例》第六条中特别强调“在各县市通俗图书馆未普遍设立以前，各馆应附设巡回文库”。

通俗图书馆活动形式多样，丰富多彩。很多图书馆中设体育场、演讲厅等文娱场所，举办各种活动吸引读者到馆；设立儿童阅览室，吸引少年儿童读者。为争取社会各阶层的关心和支持，通俗图书馆还广泛开展向公共团体和私人征集图书、充实馆藏的活动，并对捐赠书刊者提供种种阅览上的便利，受到民众的欢迎。

1927 年 1 月 8 日刊登在《民国日报》上的《湖北省立第一通俗图书馆开馆启事》中特别呼吁：“敝馆开办伊始，各种书报杂志类书等多感未备，务祈各人民团体、各报馆、各党部、各军政治部所出版之各种刊物及宣传品惠寄若干分（如系卖品当照价奉款）于武昌首义公园湖北省立第一图书馆查收，以资设备。”同年 4 月 1 日，该报刊登的《湖北省立第六通俗图书馆开馆启事》中也有类似的征集。

此外，《湖北各县市通俗图书馆规程》第十四条和《湖北各县市通俗图书馆暂行条例》第十条中均提及“凡私人创立通俗图书馆者应呈报”当地主管教育行政机关，前者甚至有“依捐资兴学奖励，呈请给奖”等鼓励措施，从另一个侧面反映出当时的民众积极参与通俗图书馆的筹建活动。

通俗图书馆开展外借业务，延长开馆时间，不但读者入馆阅览不取分文，往往还允许读者将书刊借出馆外，方便广大读者充分利用馆藏。鲁迅先生在编写《中国小说史略》一书时所参考的许多图书就是从京师通俗图书馆借到的。开馆时间长是另一特点，京师通俗图书馆的开馆时间从上午 9 时至晚 8 时，湖北省立通俗图书馆的开馆时间从上午 9 时到下午 6 时，中间仅有一小时休息。

通俗图书馆藏书数量不多，但进步的、实用的书籍居多。通俗图书馆藏书平均仅千余册，这些为数不多的书刊，以通俗实用和有进步影响的书刊为主。馆方基本是按通俗教育研究会定期公布的通俗书目来选藏，这些书目一般会登报，研究会通知各省教育厅转给所属通俗图书馆，照目采办。此外，研究会还定期公布通俗教育演讲参考用书。1916—1918 年经通俗教育研究会审定的书目有《黑奴吁天录》《鲁滨逊漂流记》《新聊斋》《文天祥》《岳飞》《班超》《哥伦布》等文学类书籍，也有《农话》《生理学问答》《日用卫生》《天空现象》《种树浅说》《日用工艺制造法》等科普类书籍，还有《新青年》《小说林》《妇女杂志》等杂志。

这些通俗书刊是读者喜闻乐见的，吸引了广大读者。这与当时那种专藏“经史子集”、缺乏新书和通俗书刊的大多数其他图书馆相比，形成了鲜明的对照。

五四运动后期，一方面由于遭到排挤，另一方面由于国民政府政治腐败，经济凋敝，民不聊生，通俗图书馆日趋没落，侥幸存留下来的也渐渐被当局利用，发生了变化，失去了原有的进步意义。

1925 年，全国通俗图书馆比五四运动前减少了一半，仅剩下 128 所。颇有声望的京师通俗图书馆在 1924 年的年度总结里写道：“经费奇绌，设备不充，新书缺乏，因之阅览人数逐渐下降。”鲁迅先生在 1925 年《伤逝》里写道：“在通俗图书馆里……书却无可看：旧的陈腐，新的是几乎没有的。”有些通俗图书馆变成了挂着招牌的“庸俗图书馆”了，为迎合小市民的低级趣味，充斥着荒诞、淫秽的庸俗图书以及一些乌七八糟、不堪入目的刊物。1927 年后，通俗图书馆有的合并，有的改成所谓的“革命图书馆”“党化图书馆”，增藏“党义图书”，选书“标准首重党义”，遂成了蒋介石文化“围剿”的工具。

1928 年，国民政府通令各省、县设立民众教育馆，以民众教育馆为社会教育的中心机构，通俗图书馆纷纷并入民众教育馆，其独立建制逐步被取消，有的合并到省、市图书馆中，有的成为教育馆、民众馆的一部分，大多数成为后来的市、县图书馆，成为我国公共图书馆的重要组成部分。

1936 年，李小缘先生在对图书馆事业进行总结时，提出“民众教育事宜，应交由民众图书馆办理”，认为图书馆事业发展遭受挫折的主要原因在于通俗图书馆之撤销这一失当之举。

第四节　“喷泉式”图书馆

纵观民国初期各处图书馆，大多储藏高深古书，以供文人学士参考，普通民众却不能获取。这种重藏轻用的贵族式的图书馆显然与社会教育事业的要求不相符，从而受到有识之士的猛烈抨击。1935 年，谢春满在《教育杂志民》第二十六卷第七号上发表《中国民众图书馆之改造》一文，认为“中国的图书馆一向只是一所书库，只是一所油墨纸张的堆栈。它没有一些社会的活动，它的实际内容和一所修道院一般，只是那些少数的清闲阶级在里面修身养性，享受一些清福”，指出民众图书馆不是“远离人间的天宫”，应成为“民众知识面包的供应所”。1933 年，林宗礼在《中华图书馆协会会报》上发表《图书馆的新倾向》一文，也指出这种离普通民众太远的图书馆如“贮水池，是一种死物，发生不出效力”，对社会教育事业毫无益处。相反，只有那种能“把所搜集的图书循环活用，流动不止”的“喷泉式”图书馆，才能适应社会教育的需求。有着社会教育“活的中心”美称的民众图书馆，就是这种

“喷泉式”图书馆。

民国时期，秉持着“图书馆是进行社会教育的重要机关”的信念，图书馆界将“使图书馆最大限度地民众化”作为孜孜以求的目标。围绕这一目标，一批“民众图书馆学”著作应运而生。这些著作就民众图书馆的概念界定、社会功用、业务建设、行政管理、分类编目等问题进行了深入探讨，共同构建起中国近代图书馆学史上具有特色的、与实践相结合的民众图书馆学理论体系。众多研究者中，李小缘、徐旭两位先生对民众图书馆学的发展影响最大。

李小缘（1897—1959），江苏南京人，1921 年赴美国纽约州立图书馆学校和哥伦比亚大学师范学院学习，获学士和硕士学位，1925 年学成归国，自此献身于中国图书馆事业。李小缘先生是中国近代图书馆运动的倡导者之一，也是最早研究民众图书馆的学者，他的《民众图书馆大纲》（1927 年）、《民众图书馆讲义》（1928 年）揭开了中国民众图书馆学研究的序幕。李小缘认为真正的民众图书馆应该是“民享、民智和民助”的。“民享”意为全民共享，“无论士农工商、男女老少、贫贱富贵的人，都很欢迎去看书，没有阶级的区别”；“民智”就是开化民智，使教育机会均等，需要广设公共和民众图书馆；“民助”就是民众参与和帮助图书馆的建设和管理，不仅可以消弭民众与图书馆之间的隔阂，而且可以推进民众图书馆事业的发展。

徐旭（1903—？），浙江嘉兴人，1922 年夏毕业于嘉兴秀州中学，后被派至国立东南大学暑期学校进行图书馆学研究。1928 年夏，徐旭任江苏省立民众教育学院图书馆主任、劳农学院图书馆主任兼教员。此两院合并为江苏省立教育学院后，徐旭被聘为该院图书馆主任兼教员，讲授“民众图书馆学”等课程。在此后的几年里，他结合江阴巷实验民众图书馆的实践，先后发表过《民众图书馆图书分类法》《民众图书馆学》《民众图书馆实际问题研究》《图书馆与民众教育》等著作，将民众图书馆学研究推向高潮，被后人称为“图书馆 20 世纪重要人物”和“著名的民众教育者”。徐旭先生对民众图书馆学的贡献主要有四点：一是对“民众图书馆”一词进行了科学的阐释；二是全面剖析了民众图书馆的教育功能；三是对民众图书馆业务建设提出了创新的见解；四是倡导学校图书馆（含大、中、小学图书馆）对民众公开，以壮大民众图书馆队伍。总之，徐旭先生的民众图书馆学理论系统而全面，对于民国时期民众图书馆事业的宣传和推广做出了不可磨灭的贡献。著名教育家庄泽宣盛赞徐旭先生的理论，认为“确是值得办图书馆的同人们参考研究实验的”。当时国内大多数民众图书馆都采用徐旭先生的《民众图书馆图书分类法》，便是很好的佐证。

除李小缘、徐旭两位先生致力于民众图书馆学的研究外，杜定友等学者也分别从不同角度对民众图书馆进行了分析。杜定友先生认为“民众图书馆是民众生活的一部分，是我们这些从事民众图书馆事业的人所应当注意的”。在他看来，民众图书馆要生活化、消遣化、家庭化，才能吸引民众前来借阅。赵福来在其《民众图书馆与巡回文库应备书目初稿》一书中，对民众图书馆与巡回文库的意义，及书籍选择原则与标准做出了阐释。

1927 年，南京国民政府建立后，开始实施以“唤起民众，训练民众”为目的的民众教育，作为民众教育事业主要组成部分的民众图书馆更为教育部门所重视。除了 1915 年《通俗图书馆规程》等之外，各省教育厅为了民众图书馆的发展，制定并颁布了各项切实详尽的办法。如上海、吉林、江苏、广西等地，都曾先后颁布民众图书馆规程，有力地推动了当地及全国民众图书馆事业的发展。1929 年，国民政府颁布了《民众学校办法大纲》；1932 年 2 月公布的《民众教育馆暂行规程》中规定“各省市及县区应分别设立民众教育馆”；1935 年 2 月发布的《修正民众教育馆暂行规程》对民众教育事业的种类、办理方法及教育区域的划分都做出了详细规定。这些法规的相继颁布，将民众教育的发展推向了高潮，民众图书馆的实体建设蓬勃开展起来，形成了一种将许多社会教育机构冠以“民众”的名号的风气，如“通俗教育馆”纷纷改为“民众教育馆”，“平民学校”改为“民众学校”，等等。图书馆界也顺应历史潮流，将“通俗图书馆”等名称改为“民众图书馆”，掀起了民众图书馆建设的热潮。

民众图书馆学家徐旭曾根据沈祖荣先生 1922 年 8 月的《中华全国图书馆调查表》及 1925 年 10 月、1928 年 10 月、1929 年 12 月、1931 年 10 月发布的四份全国图书馆调查统计报告，编制出《民国时期民众图书馆建设逐年进度表》，对 1922—1931 年间我国民众图书馆建设的发展概貌进行了清晰的梳理。1922—1931 年间，我国民众图书馆数量增加迅速，1922 年，全国仅有 17 所民众图书馆，而到 1931 年时已增至 895 所，遍布全国各省市，可谓遍地开花。民众图书馆覆盖面广，对于普及文化知识、提高民众的文化水平起到了积极作用。杜定友先生对民众图书馆在社会教育中的地位曾予以充分的肯定：“除了一般学校图书馆及公立图书馆外，对于社会教育有直接贡献的就是民众图书馆……民众图书馆以图书为中心，以辅导式教学为途径，一切以民众为主，并不限于某一种读者。无论任何人，在任何时间，都可以得到满意的服务和享受。”

民众图书馆没有时间、性别、年龄、程度、职业、贫富的限制，奉行“民众可以机会均等地使用图书馆”的原则。民国时期的民众图书馆正是怀抱“以我就人”的态度，采取一系列以民众为中心的服务举措，使“全国民众，无论男女老幼，皆有识字读书之机会”。

民众图书馆在工厂、学校、机关等因经济原因未能设立图书馆的地方陈列图书，每月更换一批图书，以便利民众；在民众图书馆开展教育活动的区域内摆放图书，使民众“在游散的时候，也能有读书的机会”；设立借书代理处，“减少借书人的手续和负担，庶格外能引起他们读书的兴趣，教育也得尽量普及了”。

1931 年，根据不平等条约驻扎在中国东北的日本关东军向中国军队驻地北大营和沈阳城发动进攻，悍然发动九一八事变。民众图书馆作为“以图书为中心的民众教育机关”，利用自身灵活性强、分布广、与民众接近的优势，及时向广大民众普及抗战知识，提高民众的抗日救国意识，鼓舞全国人民，坚定必胜的信念。全国各地民众图书馆以抗日救国为中心开展了一系列活动，激发了民众的爱国热情。

这一时期，湖北扩办或筹办了多家民众教育馆。1928 年《汉口市政府建设概况》中，亦有《汉口市通俗图书馆改为民众教育馆》的消息：“本市前曾由湖北省政府教育厅设有通俗图书馆七所与通俗讲演所一所，自市教育局成立，即将各馆所一律接收……尽行改设为民众教育馆，以便集合各种社会教育设施于一处……仅在汉口观音阁文庙、中山公园及汉阳晴川阁等处，新设三馆，余则就原有馆所改组成立四馆，共为七所。”

《中华图书馆协会会报》1929 年第五卷第一、二期合刊上登载了《鄂省立通俗图书馆改称通俗教育馆》的消息，称“湖北省立各通俗图书馆及讲演所，自奉教厅明令改组以来，对于辅助教育、急救发展。教厅为统一各该馆名称起，于七月十六日特训令一律改为通俗教育馆”。原有湖北省立通俗讲演所改名为湖北省立第一通俗教育馆；原有湖北省立第一、第三、第四、第五通俗图书馆，分别改称省立第二、第三、第四、第五通俗教育馆。

据中华图书馆协会调查统计，1934 年湖北共有各类图书馆 86 所，其中民众教育馆就有 55 所，占总量的 63.95%。

1931 年，湖北省教育厅将位于兰陵街的通俗教育馆改为实验民众教育馆。同年，武汉政府分别在武昌城区的保安街、粮道街、武胜门、汉阳门、平湖门、下新河等地设通俗教育馆，后又在汉阳门、徐家棚、金口、油坊岭、豹子澥等地设民众教育馆，馆内设时事宣传室、阅读书报室、图书展览室，还有收音机。

湖北省立民众教育馆建于 1932 年 1 月，最初设立在省馆旧址——武昌兰陵街，后省馆另办新馆所，该馆舍被改为宣讲所，作为当地民众接受近代科学文化知识的重要场所。宣讲所内宣讲的内容十分广泛，包括谕旨、国民教育、历史、地理和格致等诸多方面。湖北省立实验民众教育馆的前身多次更改名称，先后被称为武昌兰陵街宣讲所、湖北省立模范讲演团、湖北省立模范讲演所、武昌市宣讲所、武昌通俗演讲所、湖北省立第一通俗教育馆、湖北省立第一民众教育馆，且隶属关系屡变。直至 1931 年 3 月中旬改名为省立实验民众教育馆，历时 20 余年，该馆一直是省政府在武昌开展民众教育活动的中心。

其实，无论省立实验民众教育馆的名称如何变化，其宗旨都没变，始终坚持便民利众、为普通民众实施社会教育。该馆 1932 年修正的组织大纲第二条便明确指出："本馆以创造并实验民众教育的新方法，期能增进民众知识，提高民众娱乐，改善民众生活，并促进社会文化事业之发展为宗旨。"从其设立的图书部、科学部、社交部、康乐部、教导部、艺术部和事务部等七部来看，该馆事务繁杂，图书馆的相关服务只是其中的一个部类，为其开展民众教育提供资源基础。

《中华图书馆协会会报》1935年第10卷第5期上刊登有《武昌之两科学图书室》，报道了武昌两所科学图书室成立的消息，其中写道："湖北省立公共科学实验馆于3月10日成立科学图书室一所，专供赴该馆实验之教员学生及个人研究科学之阅览，该图书室藏书分物理、化学和生物三类，共有中外文化图书456册，西文杂志4种，并向各方征求新出刊物，以资扩充。""中国科学化运动协会武汉分会，为普及科学智能，商借湖北省立实验民众教育馆房舍筹设科学图书室一所，4月27日下午开幕。该室收藏成人图书354册、儿童书籍145册，各项图表107幅，分动物、医学、工艺、农业、物理、化学、地质、生物、科学、算学、天文及儿童科学图书十一类，采取开架陈列方式，阅览时先在室外领取号牌，入室后交管理员领导至书架前，按各人心理所需，自动自架上选取书籍入座阅览，较一般阅览手续均简单便利，其管理员由民教馆图书部职员义务兼任。"从两则消息中可以看出，当时湖北省立民众教育馆积极开展图书阅览服务，且尝试了各种合作形式。

即使受经费的制约，实验民众教育馆还是努力开展馆藏资源建设，通过自行选购和向社会广泛征集的方式丰富馆藏。前者以适用民众的阅读能力为重点，后者主要采用遍发征函、交换刊物、速发谢函和托情说项四种征集方式。至1933年7月，馆内藏有图书3076部、4565册，各类杂志公报214种，合订本、散本2200多册，日报29份。

民众教育馆极其注重本馆的文化服务，20世纪20—30年代各地民众教育馆创办了许多期刊，供民众们阅览和学习。湖北各地民众教育馆共计创办了12种期刊，其中湖北省立实验民众教育馆在这期间创办的刊物有《民众生活》（湖北省立第一民众教育馆时期）、《湖北民教》（武昌湖北省立民众教育馆时期）以及《现代民众》（武昌湖北省立实验民众教育馆）。同时期，武昌湖北省立岳江民众教育馆还创办了期刊《鄂中民教》。

此外，湖北省立实验民众教育馆还出版了《现代民众月刊》《半年来工作概况》《半年来实验报告》《民众卫生常识丛书》《市民读本》《防空须知》等，有的免费赠送，有的需付费购买，定价从每册 2 分、1 角到 8 角不等，开阔了民众的视野，增长了民众的见识，也推动了民众教育的发展。

20 世纪 30 年代的实验民众教育馆的民众教育事业涉及语文教育、生计教育、健康教育、公民教育和休闲教育，内容非常广泛，在丰富湖北民众文化生活的同时，也难免为了“求效果”而在工作中花样翻新、追求铺张热闹，从而导致工作量大、人员力量分散的结果。

第五节　以书就人

巡回文库是民国时期公共图书馆的一种简易形态，是图书馆服务的延伸，也是该时期社会教育的重要形式之一。巡回文库以其便利、灵活等特点，被各地图书馆、教育馆（通俗教育馆、民众教育馆）、地方教育会和地方政府等机构广泛应用，在当时产生了重要影响。巡回文库为民众就近借阅文献提供了便利，读者不必到图书馆就可以在单位、学校、市场、公园或居所附近借阅图书，满足了公众学习知识的需要，在社会教育中发挥了重要的作用。

民国初年，巡回文库作为巡回讲演会（讲演团）的辅助性工具，主要目的是宣传革新的原因和意义，宣讲“共和国民的权利、义务和公民道德”，巡回文库主要收藏的也是与以上主题相关的图书。

1925年，孙中山先生病逝，其“唤起民众”的遗志引起国人重视，巡回文库服务对象从教员和学生拓展到普通民众，设置地点从学校拓展到街道、集市、茶园、城隍庙等地，还大量增加了常识类图书。国共第一次合作失败以后，国民党为加强对“三民主义”和“国民党党义”的宣传，在巡回文库中强制性地加入了“党义”类图书。在国民政府的指导下，常识类图书与“党义”类图书成为巡回文库的必备图书。当时湖北省各县巡回讲演材料和巡回文库图书也多限定在“政治、社会公民常识，首都、沪汉报纸等浅近通俗书籍”等范畴。

巡回文库通过以下两种方式了解读者的阅读需求：一是通过巡回文库阅览统计了解民众的阅读倾向；二是民众向巡回文库管理员反馈其对图书的语言文字、内容、体裁、排版等方面的要求。民众的阅读倾向与阅读需求在一定程度上影响了巡回文库的图书选择。据资料显示，该时期民众倾向于阅读情节起伏的小说、戏本等读物，其次是医疗卫生、历史军事等读物。由于民众识字能力的限制，许多巡回文库还专门设置了画报、连环画，读者尤其喜欢情节起伏的连环画，与巡回文库举办者试图通过推广阅读以开启民智、唤起民众的初衷有所出入。1936年，《教育辅导》中刊载的一文认为“小学私塾以及工友商人平日阅读之书籍，大都为牛鬼蛇神之连环画及小说等”，可知作者并不赞同民众过多阅读“牛鬼蛇神”方面的读物。有些巡回文库在选择图书时摒弃“牛鬼蛇神”小说等读物，但也有巡回文库在官方的指导下，兼顾读者的阅读倾向，适当地选择民众喜闻乐见的读物。例如，湖北省实验民众教育馆在1934年设置“特约茶园巡回文库”，从该巡回文库第一库的147册图书目录中可知，该巡回文库选择的图书中，政治、常识和卫生类图书占29%，外交类图书占16%，农业和现代工业类图书占15%，小说、故事、鼓词和文艺类图书占 40%。这说明该巡回文库在必备的政治、常识类图书外，尽量结合民众阅读倾向，综合考虑国内外形势，选择既能引起民众阅读兴趣、又能引导民众关注关于国家民族的图书。该巡回文库的图书构成也代表了当时大部分巡回文库书目所反映出的民众需求与阅读导向。

巡回文库在巡回过程中常常收到民众对巡回读物的阅读反馈，以及对巡回文库图书语言文字、内容、体裁、排版等方面的要求，大致有以下几个方面。一是希望巡回读物的语言简短、浅白，文字简单易识。1935 年，“定县同学会巡回文库”收到农民关于读物的反馈，他们喜欢阅读简短、浅白的文字，且希望图书中“词类连书，旁附注音，字体稍大，不要横印”。同年，湖北省立实验民众教育馆设置“流通书架”和“茶园巡回文库”时，民众认为他们陈列的图书报纸大多“语句复杂，文意深奥，消息扑朔迷离”，可见，读者希望阅读语句简单、浅显易读的图书报刊。二是读者喜爱内容有趣、体裁普遍、厚薄适中的图书。1936 年，重庆开展“巡回图书担实验”，除了对巡回读物的语言文字有要求之外，对其内容、体裁和读者阅读的时间等也加以限定，要求内容上侧重常识方面，以社会常识为主，其次才是自然常识的内容；最好是章回小说、连环画，及弹词、戏曲文本；阅读时间上，读者期望用 30 ~ 120 分钟能读完。所以湖北省立实验民众教育馆提议在读物的陈列方面进行改进，为迎合民众的“低级趣味”，多备置“文气浅显、富于常识的小报”。三是因时制宜、因地制宜地选择巡回图书。中国地大物博，不同地区风土人情和物产各不相同，各地巡回文库的图书也因时因地而异。九一八事变后，日本对中国的侵略激起了国人强烈的爱国意识，江苏宿迁立农教馆不仅在馆内“陈列悬挂反日文字、图画”，还将“反日书籍图册编为反日巡回文库”，于各乡镇巡回陈列，供当地民众阅览，以激起民众的爱国热情。

针对民众不愿意在巡回文库的阅览登记表上登记姓名的问题，湖北省立实验民众教育馆积极回应，在登记表上列明各种职业，读者只需勾选自己的职业，不用填写姓名，同时也便于巡回文库的工作人员统计不同职业的人员的阅读情况。由此可知，民国时期普通民众不仅对读物有浅显易懂、能引起阅读兴趣的诉求，也希望巡回文库的阅览程序能简化。

虽然诸多巡回文库在选择图书时，尽可能使巡回文库的图书既能引起民众的阅读兴趣，传播知识，也能引导民众利用阅读提高生活技能，唤起民众的爱国热情，但巡回文库的阅读导向与读者的阅读需求依然存在矛盾：官方希望民众在阅读中拓展见识，增强家国意识，提高生活生产技能；而民众更倾向于阅读浅显易懂、内容有趣的消遣读物。

1932 年，文华图专的赵福来发表长达 28 页的《民众图书馆与巡回文库应备书目初稿》，对巡回文库图书的选择，赵福来提出了全国通用的几个基本标准：一是“书要好而浅近的文字写作”；二是“要费钱少而效果大”；三是了解“民众的嗜好和兴趣，根据地方情况介绍相当的读物给相当的读者”；四是“其价目、大小要注意，免于处理上感到困难”；五是注重规划巡回文库图书构成，“规定各类的百分比，摒弃神奇鬼怪、无益身心的小说”。这些都从理论上探讨了巡回文库图书选择的原则，文字要浅显易懂，内容应贴近地方民情和民众喜好，能引起民众阅读兴趣，有益于民众的身心发展和民众生活常识的积累。在经费许可的范围内，巡回文库选择性价比较高的图书，或与当地公立图书馆互借图书。由于巡回文库形式的特殊性，选择图书时要注重图书与巡回文库的契合度，有些图书虽好，但部头过大，并不适用于巡回文库，一个巡回书箱装不了几本大部头的书，读者也会因为阅读时间过长而却步。

赵福来还介绍了选择图书的方法，在了解当地民众的识字水平、阅读倾向、地方需求和经费状况之后，巡回文库可充分利用各种书目（尤其是各图书馆的书目）和各种新书广告，或者亲自到书店阅览，有计划地选购图书。将巡回文库应备书目分为普通丛书、哲学、宗教、一般社会科学、政治经济、教育、婚姻风俗、自然科学、应用技术、医药卫生、农学、家政、商业交通、工业制造、美术音乐、语言文学、新小说、旧小说、地理游记、传记、本国史、外国史共 23 类子目，并在各子目下分别介绍相关图书，著录译著者、出版机构及价目信息，偶有提要或简要评价，这是当时图书馆学人首次对巡回文库图书的选择进行理论探索。

这一时期巡回文库选择的图书在阅读导向、读者需求、社会思潮、地方需求及经费等诸多因素的影响下，艰难地平衡着各类图书的比例，以达到巡回文库促进图书流通、引导民众阅读、提高民众生活生产技能、启迪民众智慧的宗旨，对近代中国图书文化事业与民众教育事业的发展产生了极为深远的影响。

据历史文献显示，民国时期武昌诞生了各种类型的巡回文库，其所属单位主要有三类，分别为图书馆、民众教育单位与学校。从巡回文库的种类来看，其中既有服务于师生等特定群体的专业性巡回文库，也有服务于普罗大众的公共性巡回文库。这些巡回文库的服务范围也不仅限于武昌城区，其流动服务点遍及武汉三镇，为当时的武汉图书文化事业与民众教育事业的发展做出了积极贡献。其中的文华公书林巡回文库作为近代武汉最早的巡回文库，更是成为近代中国巡回文库业务发展的典范与标杆。

一、图书馆主办的巡回文库

❶ 文华公书林巡回文库

1910 年，美籍友人韦棣华女士在武汉创办了近代中国最早的公共图书馆——文华公书林。文华公书林开放后，到馆阅览的读者不断增多。由于文华公书林地处武昌东北一隅，位置较为偏僻，韦棣华认为未能实现图书资源普及化的发展目标，因此特地在长街等人流密集处设立分馆，以便民众就近阅览。不久之后，韦棣华仍认为图书资源普及化的效果不甚理想，于是 1914 年，韦棣华以文华公书林为基础，正式开始创办巡回文库，这也是近代武汉地区最早出现的巡回文库。

巡回文库创办后，韦棣华将巡回图书分为多组，每组 50 ~ 100 册，随后装箱分送至各个借书的学校或机关单位。在文华公书林巡回文库设立之初，民众对其尚不熟悉，认为其属营利性质的机构，同时担心万一出现图书损毁的情况，还需要赔偿，因此反响一般。于是韦棣华等人便反复劝说民众，声明读者只要不是故意损毁图书，便不必承担赔偿责任。最终文华公书林打消了民众的顾虑，巡回文库便推广开来。1926 年，文华公书林已拥有 23 处巡回文库，这些文库不仅遍布于武昌城内各学校，还广泛分布于武昌城外各学校、团体以及邮电部门，供学生、民众借阅，并定期更换书册，甚至远达“上海、北京和西安”。

❷ 湖北省图书馆开展的巡回流通服务

1934 年 5 月，省馆开始在武汉市举办流通图书馆，先后在黄鹤楼、抱冰堂、保安门等处开展巡回流通服务。前文已有介绍，在此不再赘述。

二、民众教育单位主办的巡回文库

❶ 湖北省立各县巡回文库处

1929 年，湖北省政府教育厅颁布《湖北省立各县巡回讲演暨巡回文库处办事细则》，对湖北各地巡回文库处的具体实行方式进行了系统规范，要求各巡回文库处除了购置政府或国民党党部发给的宣传品外，每月还须按照章程添购关于政治、社会、公民、科学与常识等各类书籍，及南京、上海、武汉等处报纸，以便民众阅览。由于民众知识水平有限，因此省教育厅还要求各地巡回文库处须尽量选购浅近易懂的通俗读物，以便一般民众阅读。各地巡回文库须与巡回讲演工作同时进行，巡回文库工作人员随同巡回讲演员一道抵达目标地点后，才能正式开展民众教育工作。湖北各地巡回文库处的资金均来自省教育厅，各地巡回文库处须将每月所购买的书刊名称、种类、作者、价目及发行方等详细信息呈报省教育厅，否则省教育厅便会截留下月巡回图书经费。省教育厅也通过资金控制的方式成功实现了对各地巡回文库处较为严格的管理。省教育厅还规定，巡回文库处的图书资源均服务于社会，民众可随时阅览巡回文库中的书报。文库工作人员也须备有签名簿，请读者自行签名，以备将来考查之用。省教育厅甚至对文库职员的工作态度进行了规范，要求文库职员在民众请教问题时将问题解释清楚，服务态度亦须谦和有礼，否则不利于培养民众阅览书报的兴趣，由此可见近代湖北民众教育单位为社会教育事业尽心尽力之程度。省教育厅同时也对民众的阅读行为进行了规范，要求读者必须安静阅览，不得喧哗谈笑，否则便会由文库职员请离巡回文库处。巡回文库的书籍不得“分借或携出”，仅供就地阅览，从而在很大程度上减少了图书污损、遗失的风险，此举有利于加强对有限的公共图书资源的保护。巡回文库的职员须对所有书报分类编号、逐月保存。如果文库职员有职位调整，旧职员须将书刊整理完备、目录造册后再行移交程序，而新职员亦须重新将书刊进行分类、编号，重新造册，新旧职员的目录不得含混不清。同时省教育厅也对图书被污损、毁坏等情形做出了相关规定，要求文库职员须对涉事读者追讨相应赔偿，积极保护公共巡回图书资源。为加强管理，省教育厅命令各县巡回文库处巡回之时须依据文库所在之地盖印“钤记”或“图记”，不得借用他县或武汉各机关团体的钤记或图记，若仍有地方县乡不遵厅令，将予以严惩。

❷ 茶园巡回文库

1934 年，湖北省立实验民众教育馆举办“茶园巡回文库”。该馆将巡回图书分为多组，分别置于数个茶园中，按期更换巡回图书。根据文库目录可知茶园巡回文库图书的种类非常丰富，包括政治、常识、外交、卫生、农业、工艺、小说、故事、鼓词、文艺等多种书籍。此外，文库还附设了民众常识丛书、日本研究小丛书、平民文学丛书、民众卫生丛书、农业小丛书、民众工业丛书等不同类型的丛书读物供民众取阅。在茶园巡回文库之前，该馆实际上还举办过“流通书架”，只是在现实巡回的过程中，流通书架因其机动性方面的局限性与“种种不合乎经济化”的客观缺点被民众教育馆改为茶园巡回文库。茶园巡回文库设立后，该馆便将巡回文库安置于武汉数个大型茶园内，定期派员更换图书，平时则由茶园照看文库，图书清检等日常管理工作同时也转交给茶园。该制度看似完备，但问题在于该馆并未设置关于图书遗失、污损的追责索赔细则，因此茶园巡回文库“难得一种负责的照顾”，丢失、污损图书的现象便常常发生，公共图书资源的非正常损耗也大大增加，以至于省立实验民众教育馆几乎要“关门大吉”。这在近代武汉地区民众教育经费十分紧张的情况下，无疑是对民众教育事业的严重打击。

❸ 私塾巡回文库

1936 年，为了改良传统的私塾教育体系，使私塾师生均能享有优秀的补充读物，湖北省立实验民众教育馆还设置了独具特色的专业性学校巡回文库——“私塾巡回文库”。该文库共有“三库”，分三区、六组，分别设在武昌和汉阳，文库停驻地即为该馆下属的“私塾改良研究会”会员驻地。文库的每个书箱均备有 100 ～ 150 册图书，同时备有图书目录及学生借书登记簿各一册。与茶园巡回文库不同的是，私塾巡回文库要求停驻地塾师充任指导员，并选派八名学生为“文库管理生”，负责管理、出纳与整理图书事宜，文库管理生两人一组，每周轮换。民众教育馆对私塾巡回文库的借阅方式也进行了规定，规定文库图书除了供给私塾学生课余阅览，还可提供借书服务。周一至周六下午 4 时为私塾巡回文库图书的出借期，每周日上午 8 时则为归还、整理时间。事实上，该规定有很大的变通空间，原因是在周日的“纳还时间”内，师生仍可随时借阅。实验民众教育馆设置的私塾巡回文库的出借要求较为严格，以避免类似于茶园巡回文库频繁遗失图书的情况再次出现。规定若学生借阅图书，须由学生将本人姓名、住址、借阅书名、借阅方式等项填入借书登记簿内，以便考察、追踪。私塾巡回文库的巡回周期为 4 周，每过 4 周流动调换一次。每周日上午 10 时为流动调换的时间，届时各私塾指导员、管理生与民众教育馆职员将巡回图书“点交清楚”。交付过程中，如果民众教育馆职员发现有图书污毁的现象，那么私塾指导员将负责督促管理生向借阅者追讨赔偿。可见实验民众教育馆在经验积累中完善了自身的不足，近代武汉巡回文库的规章制度也在发展中不断走向健全。

为了便于文库管理生深入了解巡回文库管理事宜，实验民众教育馆还鼓励管理生到馆询问不了解的事项，该馆承诺会“召集谈话”以促进沟通。同样，为了鼓励私塾师生积极使用文库内的图书资源，实验民众教育馆还承诺以学期为单位进行成绩汇总，并择优秀者给予适当奖励。

❹ 商民巡回文库

1937 年 2 月 18 日，湖北省立实验民众教育馆为提高商民常识，开始举办该馆的第三种巡回文库——商民巡回文库。作为一种公共巡回文库，在书籍之外还备有《扫荡报》等报纸供商民阅览。为了便于商民巡回文库的顺利开展，该馆还派出商民教育实验区总干事周方楠前往早先巡回的各茶园进行调研，了解民情民意，获取图书需求信息。由此可见，湖北省立实验民众教育馆在公共巡回文库建设工作方面逐渐成熟，主动吸取既往的实践中的经验教训，不断发展与完善巡回文库体系。

三、学校主办的巡回文库：文华图专巡回文库

1931 年，私立武昌文华图书馆学专科学校（以下简称“文华图专”）开始创办巡回文库，由学生服务团举办巡回文库流动车，每周日下午巡回于武昌县华林附近各个商店。历经数周的巡回工作后，文库的借阅者逐渐增多，学生们发现，商店店员们多忙于工作，平时难以到公共图书馆阅览书籍，闲暇时又无合适的消遣与学习方式，店员群体中其实存在着巨大的阅读需求。于是文华图专便将巡回文库置于商店内，这种巡回方式很快取得了巨大的成功。1932 年，全校学生都参与到武汉地区的巡回文库工作中，至 1933 年，文华图专巡回文库已经至少拥有 57 处“借户”，其中包括“商铺、学校、医院、政府部门以及个人”。由于各“借户”身份多样，为便于日后回收及管理，该校对各“借户”的地址、门牌与负责人等信息都进行了登记，从而使文华图专巡回文库能够以相对固定的方式广泛分布于武汉城区内。1934 年 10 月，文华图专学生服务

团召开关于文库事宜的第一次会议后，决定于 10 月 12 日开始实行送书上街服务。随后，扩充完善的巡回文库进入社会，民众“咸称便利”。当时，该校的巡回文库安排三人一组开展巡回工作，文库工作人员身背布袋，袋内装满书籍，前往各“借户”处进行图书调换与信息咨询。巡回时间则由此前的周日下午改为周六下午，若周六下雨，工作人员便会在周日开展巡回工作，巡回线路也随着工作人员的增多而延伸至武胜门外粮道街等地。在巡回过程中，由于人工背负图书袋的办法略显低效，文华图专还计划购置一辆推车，以便在节约人力的同时运输更多的图书，如此也可使市民享有较多的选择机会。

作为一种“广义的流动图书馆”，文华图专巡回文库由学生群体组织举办，初期目标是使商店内店员得到“求智的机会”，随着书籍的增加与文库事业的不断发展，巡回文库服务对象扩充至附近的住户。在“借户”构成中，店员占比为六成，住户占比为四成。在每次巡回过程中，文华图专巡回文库的读者总数一般在 400 人以上，其中成年女性读者占一成，儿童读者占三成，成年男性读者占六成。按职业划分，读者中大部为商界人士，其余则为学界、政界人士与普通民众。巡回章程规定每人仅可借阅两本图书，且借阅时间不得超过一周。若读者想延期，可申请续借一周。在巡回过程中，民众借阅图书的热情居高不下，因此文库的图书流通量始终维持在五六百册以上。图书的借阅手续与编目分类则未发生变化，书卡与登记卡仍合于一处，方便工作人员，提升办事效率。

文华图专的学生广泛争取社会捐献，使巡回文库逐年扩大。1932 年，文华图专学生服务团为了推动巡回文库业务的深化，分别在 4 月 20 日与 11 月 2 日筹备了两场募捐活动，分别募得 41 美元与 125.9 美元。捐赠人中有许多图书馆从业人员、西方教会友人、文化界人士与商界人士等。值得一提的是，在所有捐赠主体中，捐赠金额最多的是文华公书林，两次分别捐赠了23美元、25美元。由此可见文华公书林与文华图专之间的深厚渊源与亲密关系。1936年，在时任国民政府军事委员会委员长武汉行营主任的张学良，及华中大学、文华图专师生们的资助下，巡回图书数量一度达到了1500余册，尤其是关于商业知识与儿童知识的图书，更是成了该校的重点增购对象。巡回图书的主要种类也由早期的文学、历史、社会学类与应用艺术类书籍转变为儿童、科学类书籍，充分说明文华图专巡回文库的侧重领域已经根据借户需求发生了一定的转移。1936年，参与文华图专巡回文库建设的学子已经增加至30余人，巡回时间不延长，巡回地点也不断增加。随着巡回范围的不断扩大，文华图专印制宣传单，按户分发，以便武昌各地均能享有公共巡回文库资源，还对读者登记卡等进行了改良，从而提高了巡回效率，为管理工作提供了便利。

全面抗战爆发后，文华图专迁至重庆，该校巡回文库业务也暂时陷入停滞。1940年，文华图专鉴于重庆的社会教育工作“亟待发展”，于是在重庆开始了巡回文库事业，设立了一所儿童阅览室，并将校内学生轮流派往学校附近各伤兵医院，推行“图书巡回工作”，“兼有代写书信的服务”，积极宣传抗战思想，为抗战事业做出了不可磨灭的历史贡献。

第六节　建在公园里的图书馆

我国历来注重社会教化，通过教育教化来规范人们的言行举止，建立并稳定社会秩序。民国伊始，中央政府成立社会教育司，各地设立通俗教育馆，这些机构不约而同地将城市公园视为一种新型的公共空间，将其打造成了民国政府传递教育信息、开展社会教育的重要场所，使其成为社会教育的重要组成部分。

在公园内设立图书馆，民众在游览之余还能学习知识，体现了通俗图书馆以及后期民众教育馆为开启民智而设立的初衷。在政府的倡导下，各大城市公园中陆续建设了公共图书馆、阅览室等；新辟的公园中普遍设立图书馆、阅览室，定期或不定期地举办名目繁多的展览会、展销会以及各种学术演讲。名人公园在创办之初，更是将“有益于民智”“有益于民德”作为其建立的重要原因。公园俨然成为爱国主义与民族主义教育的示范基地，“在公共游息之中蕴含提倡教育之意”的办园宗旨，使公园与教育活动息息相关，成为知识分子心目中的“天堂之所”。

图书馆面向社会，以平民为对象，设立在公园、运动场内，充分发挥了普及国民教育的功能。民国时的北京（当时被称为“北平”），大部分公共图书馆都与公园共存。如中央公园图书阅览所，不仅是中国最早的公立图书馆之一，也是最早在公园里开设的近代新式图书馆。1916年9月21日，时任教育部佥事兼社会教育司第一科科长的鲁迅先生代表教育部与内务部、中央公园进行多次交涉，商洽在中央公园内开设通俗图书馆的各项事宜。《教育部咨内务部拟就中央公园附设通俗图书馆及教育博物馆文》曰：“查公园之设，一以为公共娱乐之地，一以为陶冶国民之所。故各国通例，恒于公园中附设图书馆、教育博物馆等。使一般国民于藏休息游之际，无形自然之中，得增进其常识，涵养其性情。所谓不召而来，无言而化之国民教育，公园有焉。京师中央公园自开办以来，其间设置点缀，颇臻完美。唯关于上述各项，尚付阙如。本部有鉴于此，拟就园中社稷坛大殿二重附设通俗图书馆及教育博物馆，购置通俗图书并陈设教育上简易物品，专备游人观览，庶公园添有益之娱乐，而社会蒙无形之福利。”直接将通俗图书馆作为百姓身边所必不可少的教育设置。

1917 年，民国政府教育部在北京中央公园设立图书阅览所后，每到节假日，“阅览室内，时形拥挤。且取阅图书，争先恐后，大有应接不暇之势”。

除了中央公园图书阅览所，1926 年 3 月建立的北京图书馆，地点也在今天的北海，当时租借了庆霄楼、悦心殿、静憩轩等。此馆由中华教育文化基金董事会利用美国的庚子赔款之退款创办，京师图书馆的馆长梁启超先生曾兼任馆长，1928 年更名为“北海图书馆”，“仍继续利用‘庚款’作为经费”。该馆入藏了不少中外文图书，但是由于“读者来馆除购阅览券外（每券铜圆二三枚），还须购公园门票（当时约需铜圆七八枚），故阅览人数很少”。后来，由于国民政府南迁，北海图书馆也进行了改组。

北海公园内还有一所松坡图书馆，系梁启超为纪念蔡锷将军于 1923 年 11 月创建，梁启超任馆长，并制定《北海公园阅报室阅览规约》。此外，熊希龄于 1921 年私人拨款建立了北平香山教育图书馆，经由梁启超推荐，沈从文从 1925 年 8 月至 1927 年 8 月曾在该馆任职。其时，天坛公园里设有阅览室，京兆公园内开设了通俗图书馆，还有故宫博物院图书馆（1925 年）及其景山分馆（1926 年）等。公共图书馆与公园共存，成为民国北京公园里一道新兴的风景。

青年作家沈从文最流连忘返的就是当年的北京图书馆（馆址设在北海西墙外），在他的小说《老实人》中可以随处寻到图书馆的踪迹：“自宽君无所事……每日到北海去溜。”去北海公园，为的是去看公园里的“公子小姐”，当然“还有一件事，自宽君，看人还不是理由，他是去看书。北海的图书馆阅览室中，每天照例有一个坐位上有近乎革命家式的平常人物，便是自宽君”。事实上，从 1924 年到 1927 年，沈从文曾居住于沙滩地区北河沿边的汉园公寓，不仅毗邻北京大学的红楼，而且与北海公园、故宫博物院、东安市场、中央公园等相距不远。从汉园公寓步行可至北海公园欣赏美景，又可以顺路到北海图书馆饱览群书，一举两得。在《棉鞋》中，香山慈幼院图书馆也是主人公经常光顾之所：“这是一个拿来让人参观的大图书馆。一座白色德国式的房子，放了上千本的老版本古书。单看外面，就令人高兴！房子建筑出众，外面又有油漆染红的木栏杆。”尽管香山的景色绝美，见心斋的泉水亦是清澈极了，甚至许多人说这流动的泉水声像是音乐，但是“我”却觉得无味，而是饶有兴致地“念刚借来的《白氏长庆集》”，可见沈从文对香山图书馆情有独钟。

在近代中国，公园这种新型的公共空间，作为“西学东渐”的产物落户中国，具有双重意义。一方面，它推动并加速了古老中国传统园林的近代转型，不仅为普通民众提供了一个可以自由出入的公共休闲空间，也为整个社会增添了几许近代化气息。另一方面，在列强欺凌、殖民主义大行其道的特定背景下，近代城市公园又带有强烈的反殖民主义的政治色彩，并成为民国政府及社会精英宣扬爱国主义与民族主义的前沿阵地。清末民初，无论是公园的倡导者还是公园的筹建者都着重强调公园在教育方面的重要作用，认为公园在德育、体育、智育，以及学校教育、社会教育等方面有重要作用，甚至认为公园中的卫生、风景、名物、古迹“无一不与教育息息相关”。公园的泛教育化，客观上也推动了民国大众教育的普及与民众受教育水平的提高，这一带有历史局限性的倾向，是民国时期城市公园鲜明的时代印记。

在地处华中的武汉，1927 年，第一民众图书馆在武昌首义公园开放；1930 年，第七民众图书馆在汉口中山公园建立；1931 年洪水后，龙王庙公园建立起来，专门配有民众图书馆，开启民智；1935 年，湖北省图书馆新馆在蛇山南麓的武昌公园落成。湖北省立图书馆新馆由留美建筑师兼工程师缪恩钊和图书馆专家沈祖荣设计，是当时华中地区规模最大、最先进的图书馆。这座宏伟的混凝土建筑采用了折中的中国古典复兴式样，也是当时国内文化建筑广泛采用的典型风格。其主立面采用古典的三段式，由硕大的单檐歇山顶、凸出的两层主楼和中央宽阔的台阶组成。屋檐下壁柱和立柱配有传统的装饰图案和斗拱。侧翼的设计相对简单，仅采用绿色琉璃瓦檐和传统格窗装饰。整座建筑采用钢筋混凝土建造，配备现代照明、供暖和管线设施，很好地满足了现代图书馆的功能需求。

这座舒展的中国古典风格两层建筑碧瓦琉璃，与葱茏郁翠的蛇山风景相互映衬；而位于其左侧的抱冰堂，是 1907 年当时军政界为纪念张之洞督鄂的卓著政绩而建，其建筑也为我国传统的重檐歇山顶，木结构，进深三间，面阔五间，堂外有走廊回绕，梁柱上刻有人物花鸟，造型生动，刻工细腻，有较高的艺术价值。这两座设立在公园里的建筑，时隔 30 年后对望而立，长久地成为武昌城内令人流连忘返的人文美景。

设立在武昌首义公园、汉口中山公园和龙王庙公园的图书馆，虽然规模较小，依然成为民众涵养性情的上佳之处。位于首义公园和中山公园的图书馆分别利用了原私家园林乃园与西园的旧有建筑，位于龙王庙公园中的图书馆则利用了新建的两层楼房。它们都是作为民众教育馆的一部分而建设的，均契合由国民政府于 1928 年颁布的民众教育计划。为了满足不同读者的多样需求，这些图书馆中设有综合阅览室、报刊阅览室、儿童阅览室，其中一些还设有小型博物馆部门，展示科学标本、艺术项目、国货等。

公园受到图书馆的青睐可能还有多方面的原因。首先，图书馆需要开放的空间并确保安全，要远离高楼大厦以减少火灾隐患，远离闹市的危险。其次图书馆需要良好的日照。当时，人工照明尚处于起步阶段，大多数图书馆仍需自然采光。再次，从审美的角度来看，图书馆与公园的环境更容易达到和谐。当一幢精心设计的图书馆矗立在开阔的绿色草地上时，建筑会显得庄重高雅，而阳光、蓝天、白云以及葱翠的绿意都将为它增色。最后，公园本身具有易达性，颇受群众欢迎，既可以方便大量民众使用图书馆，让更多的人受益，其优美宜人的环境令读者脱离城市的喧闹，身心都能得到舒缓。

用政府划拨公园用地建图书馆在国外早有先例。在新图书馆运动的发源地——美国，就有不少图书馆建在公园里面或附近，如纽约公共图书馆紧邻布莱恩公园，布鲁克林的中央图书馆靠近展望公园，均巧妙地解决了在闹市中如何设置古典式公共建筑的难题。

总之，公园为图书馆提供了理想的开放空间和相对独立、宽敞、优美的环境，有利于图书馆完成其启迪民智、教化民众的文化职能。

第七节　战时图书馆

抗日战争爆发后，日本侵略军发动了强大的攻势，企图以三个月时间“灭亡中国”。国民党在正面战场上一溃千里，祖国多处山河沦于敌手，在这种情况下，战争带来的伤痛不仅仅是肉体上的，前方将士和后方民众的精神世界也极度贫乏，战士们“最感痛苦的是看不到书报，往往一张包东西的旧报，前方的人都要看作至宝”，在战壕传来传去，最后会被抢得稀烂。后方民众更无力购买书报，他们都期盼了解抗战的情况，了解祖国的前途和自己的命运。图书馆是人们精神食粮的供应所，它给人们供应知识，激励人们前行，唤起人们的爱国之情。书籍在平时可以增强人们的能力，在战时可以坚定人们的意志。

正值此时，湖北省立图书馆和一些大学图书馆由于战火逼近，或关闭、或西迁、或停办，图书馆事业在“战时首都”大武汉出现了短暂的空白。全国各地汇集到武汉的几十万人，到哪儿去寻找精神食粮？特别是军队将士和广大民众，他们是抗日的主力军，在腥风血雨之下，靠什么来支撑他们的精神世界呢？国难当头，很多图书馆人及文化界人士挺身而出，以强烈的爱国心和服务意识，克服困难，因陋就简，利用一切可能的条件，设立各种形式的战时图书馆，为战争中的国人带来了阅读和文化的阳光。

一、量才流通图书馆与蚂蚁图书馆

抗日战争初期，武汉一度成为“战时首都”，抗战书刊如雨后春笋般出现，各种深受民众欢迎的小型书刊阅览室、图书馆应运而生。1937年上海失陷，上海量才流通图书馆部分工作人员转移到汉，重新建馆，在馆长程远和工作人员的努力下，白手起家，历经千辛万苦，靠募捐款和借款购置了部分书刊和简易的设备，次年1月正式成立向民众开放。量才流通图书馆最早为申报流通图书馆，1934年为纪念申报社长史量才而更名，主要收藏社会科学方面的进步书刊。武汉新馆建立后，该馆大力推行战时社会教育，根据实际情况，馆藏书籍以抗战书刊为主，除设立图书阅览室外，还发动社会力量，邀请知名文化人士进行抗战演讲。此外，馆方还组织时事研究班、教育宣传队、歌咏班和剧团等，以多种形式推行战时教育。该馆特设名人讲座，几乎每个星期都邀请名人讲演，鼓舞广大民众走上抗战的道路。1938 年 2 月 14 日，茅盾同志应邀到馆，作题为《文艺大众化问题》的讲演。量才流通图书馆由沪迁汉后，馆址设在伟雄路（今南京路北段）105 号。

抗战初期的武汉，战时图书馆数量较多，各种抗日团体、机关、学校、厂矿等开办了不同类型的临时图书馆机构，而且十分活跃。1937 年，上海著名职业青年进步文化团体“蚁社”大批社员到汉，于次年 1 月成立“汉口蚁社”，发展迅速，除办壁报，开歌咏班、剧团外，还恢复了知名的蚁社“蚂蚁图书馆”，图书均由社员和读者捐款购置，供社员自由借阅，成为武汉各界青年读书的好去处。此外，蚂蚁图书馆还首创了“无条件借阅”的办法。

二、救亡图书室与抗战书报室

武汉作为“战时首都”，前线负伤官兵源源不断地送到这里医治。上海青年救国服务团组织的内地工作服务团专门在医院为伤兵们设置了“救亡图书室”，可以阅读各种通俗易懂的抗日书刊，还能参加读者读书班，以此鼓励他们振作精神，安心养伤，早日重返前线作战。青年救国团的“青救图书室”、妇女生活杂志社的“妇女图书室”联合聚集在武汉的文化界知名人士，在武汉三镇的学校、伤兵医院和大街小巷里成立了 20 多个“救亡图书室”，及时为各界民众提供精神食粮。他们还针对伤员的身心状况，专门为部队后方医院设立“伤兵流通图书馆”。青年救国团是武汉颇具影响力的进步青年救亡团体，团员达上万人，在从事救亡工作的同时，亦在总部、各区团部备有图书，供团员阅览。这些书刊都是团员们征集、捐募而来，广大青年、学生纷纷来到这里，都能从这里“寻求到自己需要的东西”。

此时的教育界人士也没有沉默，张敬人、陈光宇等举办了“抗战教育研究会”，为向民众宣传抗日救亡的道理，普及知识，开办了“抗战演讲室”“抗战书报室”，备置书报供工友、民众阅读，以“灌输抗战知识”，很快“成了所在地抗战的文化中心及推动民众、组织民众的中心”。研究会开办仅半月，听众、读者已达6000余人。

三、救亡图书馆

1938年3月，文化界人士钱俊瑞等“为了供给前线将士和内地广大民众精神食粮”，成立“战时书报供应所”。最初他们只是希望收集一些进步书刊寄给前线将士。成立之初，“在他那小小的会客室里，他们每天都要收到几十封来信、汇票，每天忙着包扎、送书，小小的会客室，是拥满了热情的急迫领要图书的军官，据统计，有鲁西北、鲁南游击区三十一军战团，新四军战地服务团及政治部等几十个部队找他们配书”，还有武汉及各地的救亡团体、救亡工作者前来，“配书、讨要赠书，多得应接不暇”。无论是需要一本书，还是几十种书，是一元钱的书，还是上千元的书，他们都会不打折扣地满足读者的要求，同时在各地设立十多个分处，并派出文化供应队至长沙、九江等地工作。很快，他们感到自己的工作远远不能满足民众对抗战书刊、报纸的需求，经商议，决定在此基础上成立一批“救亡图书馆”。消息一经传出，得到了30多个机关单位、团体的响应，纷纷要求开办图书馆。但由于经济困难，他们决定首先在阅读需求迫切的伤兵医院、难民收容所等处成立20个“救亡小图书室”，工作人员分成了20个小组，走街串巷，四处募集抗战必读书刊。经过一个月的筹备，图书室正式对外开放，其宗旨是“积极使战时文化深入民间，扩大影响，以收精神动员的效果”。

所有的图书室都采取流动的办法，即在一地开放一段时间后就换到另一地去，并逐步积累经验，把流动图书馆推广到外地，哪怕是一些被常人所忽略的地方。如在轮船上设立的流动图书馆，就专门为长年漂泊在外的海员、水手服务。民生公司的四条大轮船上就有这种图书室，工作人员定期将书刊送上船。每个救亡图书室的图书少则二三百册，多则上千册，读者每天六七十至一二百人不等，读者数量相当可观。

来自武汉三镇读者则更多，当时的《新华日报》是这样描述阅览室内的情形的："有的已经没有了座位，站着、蹲着的都有，他们的成分有工人、车夫、小商人、小孩子、学生，从早晨六时到晚上九点，终日开放。"还有读者在更早或者更晚的时候来敲门。"我们看到在一间小小的屋子里（往往是沿街的），小图书室挤满了小孩、工人，小市民饥饿的眼光，到处在搜索，一个字一个字地读下去，企望得到些什么。"与此同时，他们还在外地设立分处，在广大读者中产生了较大的影响。

爱国妇女是抗战不可缺少的生力军，为让广大妇女关心、支持、参加抗战，妇女生活读者会亦成立"妇女生活读者图书室"，专门为各界妇女服务。

武汉是一座老工业城市，聚集了数万产业工人，工人们在工厂自发地成立起图书室，购置进步抗日书刊供工友们工余时自由阅览，如军政部武昌制呢分厂的工人们，除开展各种抗日救亡工作外，大家将各自搜集的图书报刊集中起来，办起图书室，成为向工友们普及抗日救亡知识的好场所。

1938 年秋，武汉形势十分危急，在汉文化团体组建战地文化服务处，除迅速向各地传递抗战书刊外，在各地及战区设立 20 多个小型图书馆和 7 个“军民图书阅览室”，向抗日军民开放，仅半年时间，除报纸和宣传品外，供应书刊达 67000 多册。

武汉沦陷后，汪伪政府成立汉口市立图书馆，规模甚小，至 1946 年，汉口市政府接收该馆，并正式创建汉口市立图书馆。

1938 年 9 月，武昌图书馆在湖北省立图书馆兰陵街老馆址成立，属汪伪政府市教育局管辖。

第三章
图林史话

第一节　中国第一所公共图书馆——文华公书林

一、初入文章华国

众所周知，“图书馆”是外来词汇。如果以图书馆的藏书功能来说，中国历史上第一个图书馆出现在周朝。周朝的太宗掌祭祀礼仪，并受托监管有关三皇五帝的典籍。那些被称为史官的官员，一面记录本国发生的大事，一面承担维护王室档案文献之责。“老子为周室柱下史，即是国家已有官吏专司图书管理责任。”可以说，老子是有记载以来中国第一位图书管理员。换言之，图书馆这类藏书与记录机构，在我国历史上可谓源远流长。但几千年来，这些藏书只为少数人服务，仅供皇室官员以及少数上层人士阅读、研习、传抄，并不向公众提供知识传播服务。真正意义上的中国第一座公共图书馆，当属诞生于武昌昙华林的文华公书林。

1840 年鸦片战争后，各种不平等条约的签订让当时的清政府被迫开放了国门。至 1860 年，清政府先后签订了丧权辱国的《天津条约》和《北京条约》，加深了中国社会半殖民地半封建化程度，西方传教士的足迹开始从中国沿海城市向内地城市延伸。据统计，1860 年，传教士在中国出版报刊 32 种，比 1840 年鸦片战争前增加了一倍；从 1840 年到 1890 年近半个世纪的时间里，西方人士在中国创办中外文报刊 170 余种，约占当时中国报刊总数的 95%，可见西方文化来势之猛，发展之速。

位于中国内陆地区，有着“九省通衢”之称的武汉，是内地最早对外开埠的地区，也是当时华中地区政治、经济和文化中心，被传教士视为活动的重点区域，传教士接踵而至。随着传教士在中国传教经验的积累，他们认识到创办教会学校、在当地培养传教人才，是有效且成果显著的传教方式。1871 年 10 月 2 日，美国圣公会威廉斯主教为纪念其兄长、美国圣公会首位来华主教文惠廉，在牧师颜永京的协助下，于武昌横街创立“文惠廉纪念学堂”，后改名为“文华书院”。“文华”的本意是指文教士在华传教，其中文名暗含“文章华国”之意，可谓中西合璧，将中西含义结合得恰到好处。

文华书院开办之初，由于中国民众对教会学校不理解，当年 10 月 2 日开学时，只招收了 5 名男童。为了吸引更多学生，学校不仅免收学费和住宿费，而且为每人每天提供六个铜钱的津贴。在这种条件下，学校才逐渐发展起来。

1900 年，已有近 30 年历史的文华书院，因为义和团运动，在当年秋天停办半年。1901 年春复校，由于院务无人主持，驻上海的美国圣公会主教向英国圣公会借调有管理经验的九江同文书院院长翟雅各来文华书院主持校务。文华书院复校后急需增聘教员，在韦德生的推荐下，韦棣华进入文华书院担任英语教员。

文惠廉主教

文华书院翟雅阁健身馆

韦德生正是文华公书林创办人韦棣华的弟弟，而韦棣华到达武昌的缘起要从这位弟弟说起。

1899 年，义和团运动兴起，义和团主张“扶清灭洋”，导致了毁教堂、杀教士的事件。韦棣华最小的弟弟韦德生被美国圣公会国内外差会派赴武昌圣公会传教。在中国发生的事情传到了美国，引起韦棣华对爱弟安全的担忧，遂只身来华探视韦德生，并于 1900 年 5 月 16 日抵达武昌。她发现韦德生安然无恙，十分欣慰，于是也留居武昌。而此时的韦棣华已在美国纽约州里奇蒙德纪念图书馆工作了 10 年，这 10 年图书馆工作经验为她以后的职业发展奠定了基础。我们后

1906 年的文华书院

面所要讲述的文华公书林与文华图专的故事，都与这位伟大的女士有关。

二、梦想从报房出发

当时的文华书院书籍极为缺乏，出于曾任职图书馆的职业本能，韦棣华觉得有必要收集更多的书籍，并集中起来建立一所图书馆来解决学生课外阅读的问题。于是她一方面多方搜罗书籍报刊，一方面在授课之余，利用该校校园内被称为“八角亭”的一间小屋，陈列所能搜集到的外文报刊供学生阅览。学生们非常喜欢这种可以阅读大量书籍的地方，亲切地称这个小屋为“报房”（即阅报室），这便是文华公书林的雏形。

八角亭阅览室

“报房”得到了学生们的喜爱，为满足更多的阅读需求，韦棣华把搜集书报的范围扩大到美国，开始向美国友人和团体征集书报杂志以作补充，规模逐步扩大。文华书院自翟雅各主持校务后，学校也有了较大的改观。文华书院原来是一所中学，于1903年增设了高等科，招收三年制学生，颁发文理学院毕业文凭。此时韦棣华的“报房”已扩大到两大间房，并由一个半工半读的学生帮助整理，取名为“文华书院藏书室”。需要说明的是，韦棣华虽然是一名虔诚的基督教徒，但她来华只是私人探亲，并不负有传教的使命，但美国圣公会于1904年任命韦棣华为世俗传教士，这是因为来华后的韦棣华依托教会做出了卓有成效的工作业绩，这个业绩被教会认可了。

韦棣华在致力于文华书院藏书室建设的同时，很快又发现当时的中国没有一所能称为公共图书馆的机构，这又使她产生了发展中国公共图书馆的念头，建立一所学生可以用、普通大众也可以用的图书馆，成为她心中的目标。没想到实现目标的机会在1906年文华书院准备扩建成大学时就到来了，于是韦棣华亲自策划，并向学校建议设立一所图书馆。

为了建成这个她心目中为大众服务的图书馆，1906年底，她来中国后首次返回美国，开始长达18个月的筹备工作。返美后，韦棣华一方面进入纽约布鲁克林的普拉特学院图书馆学校学习研究藏书等图书馆学专门知识；另一方面，她在当地演讲，向同胞寻求资助，为图书馆建设募集资金。她还在杂志上发表募集文章，向大众寻求帮助，并表达建立图书馆的理想。1907年初，在返回美国不久，韦棣华即在《差会的精神》杂志1907年1月号上发表了《为了在中国中部建立一所基督教的图书馆》一文，发出了“我们请求你们给予我们帮助，使我们的梦想得以成为现实——在华中地区建立一所基督教图书馆”的呼声。文中她

文华大学校校门

除了提出建立这座图书馆的必要性和迫切性之外，还具体地提出了这所图书馆的规模和所需的款项，“我们将能盖造一所供公众用，也供学院用的图书馆，一幢占地 7200 英尺的两层楼房，其造价约为 15000 美元。此外，我们只募 5000 美元作为购书款，这将满足我们目前的需要。我们抱有希望，如果这样一种善举在开始时做得好的话，必定会鼓舞朋友们捐助更多，来解决这个古老民族的图书馆饥荒。”同年 5 月，她又在美国图书馆协会第 29 届年会上宣读了《在一个中国城市的图书馆工作》的论文，介绍了她在武昌的图书馆工作的情况，并进一步阐述了在中国创设图书馆的必要性和可行性，第一次将中国图书馆的情况向美国图书馆界做了介绍。

韦棣华于 1908 年夏返回武昌，并随船将家什和个人用品悉数运来中国，决心定居中国，将发展中国的图书馆事业作为毕生的事业。在她不懈的努力下，返美之行大约获得了一万美元的捐款，其中包括第一个捐赠者、原哥伦比亚大学校长罗瑟士博士捐赠的 1000 美金和大量图书。为感念校长的大力支持，韦棣华在文华公书林建成后专辟罗瑟士纪念厅，以资纪念。

三、校园里最好的建筑

韦棣华用所得捐款先在文华书院附近购得一块地皮，并请汉口著名建筑师德希斯先生设计了建筑图纸，开工建设时举行了隆重的奠基典礼。图书馆于 1910 年春落成，正式取名为“文华公书林”。与此同时，1909 年文华书院综合诸高等学科（神学、文学、理学），改名文华大学校，并在美国哥伦比亚特区注册。文华大学校依然分中学部（当时称为备馆）和大学部（当时称为正馆）两部分，文华公书林则独立于大学之外，并不为文华大学校私有。文华公书林是一个富有诗意而形象的名字，突出了“公”字，强调了“公共、开放、公享”的意义，深寓“公之于众而非为文华大学独有”的意思。

❶ 以实用为主的设计

文华公书林大楼是由韦棣华女士募款筹建的、按图书馆的特殊用途设计的建筑，由设计师德希斯集合众议，完成蓝图。最初他考虑较多的

文华公书林开工奠基典礼

文华公书林全景

是美丽的外观，却忽视了图书馆的实用性。文华中学的教员康明德先生对此提出建议，韦棣华本人也强调需要将实用价值作为设计中的一个重要因素。

文华公书林于 1908 年奠基，1910 年落成并投入使用。最初设计时，它仅仅是作为一所图书馆，1920 年增加了一所教学机构之后，在 1921 年对它进行了扩建。

❷ 综合权衡选址

韦棣华本意是要让文华公书林服务于武汉三镇，并非作为文华大学校所独有的图书馆。坐落于昙华林的公书林位于武昌城东北隅，过于偏僻，开馆初期校园外前来阅览的人很少。但对于韦棣华来说，公书林的选址也是权衡了各方面因素的结果。韦棣华身为学校的英文教师，八角亭阅览室成立之后，韦棣华不得不身兼二职。她作为公书林的主持者，若公书林处在城市中心，她将分身乏术。从读者群来看，文华书院附近学校的分布也比较密集，如贡院、圣约瑟学堂、真理中学、湖北中等工业学堂等，都在昙华林附近，这些学校的师生构成了潜在的读者群。

❸ 仿古典式的外观

该馆坐南朝北，东西最宽处为 68 英尺，南北约为 80 英尺，主立面在北面临昙华林街一侧，进深方向由北向南依次展开为三段——两段矩形平面和南面的半圆形平面。文华公书林建成以后，被当时的学生称为文华校园内“最好的建筑物”。从外观上来看，文华公书林为仿古典式的折中主义风格建筑，造型较为严谨，符合西方古典建筑的形制，同时也兼有古希腊神庙建筑和法国古典主义建筑的特点，是 20 世纪初欧美基督教会在华创办校舍建筑的一个比较典型的代表（与其风格类似的还有国立东南大学孟芳图书馆），也是欧洲学院派建筑精神

文华公书林外景

气质的体现。

❹ 崇楼杰阁的殿堂

该馆门楣上书“智识诸宝咸蕴基督”，左右对联“仰之弥高钻之弥坚，博我以文约我以礼”，屋顶为木桁架结构、纵横组合的四坡顶，上覆铁瓦出檐稍许，并饰以希腊式檐口，与墙身中部贯穿整体的横向线脚呼应。建筑整体鲜明大方，有“崇楼杰阁”之谓，符合图书馆“知识殿堂”的社会地位。而门楣上的中文和西方建筑的外观形成一种有趣的对比，文字的内容既有西方宗教色彩，又引据中国传统典故，别有一番风味。这样写也是因地制宜，出于吸引读者的需要。

四、教学和实践相映生辉

1920年初，韦棣华又开始酝酿和筹备文华公书林的扩充计划。文华公书林的房屋扩建改造也是文华图书科筹建的重要内容之一，这个计划在1920年文华图书科建立时已开始酝酿和筹备。文华公书林本是作为一座图书馆而建的，扩建目的在于完善其教学的功能。当时分别向国内外筹款，其中美国纽约的慈善家奥利维尔·菲尔普斯·斯托克女士先后寄来3000美金，建成司徒纪念厅，以纪念其姐姐。北洋政府两任总统（黎元洪、徐世昌）及政府要员共捐款2250元，其余款项则由文华大学校的海内外校友募捐。此次扩建经过精心设计，扩建工程于1921年2月奠基，1922年1月18日竣工。改造扩充之后的文华公书林比原来扩大了三分之一。

❶ 功能兼备

1924年，文华公书林内添设了阁楼，并加做内部装修。原有的拉丁十字平面结构被打破，整体装饰风格也在一定程度上遭到破坏。但是扩建令这栋建筑扩大了二分之一，增加了多个小教室，实用价值得到提高，使文华公书林的宗教色彩有所淡化，形成文华图书科兼容并蓄的风格，也与其开放服务的宗旨一致。

改建后的文华公书林兼有教学功能，阅览室、教室、书库、咨询室等辅助用房一应俱全。图书馆主要功能区包括编目室、参考室、阅览室、报纸杂志室、书库、韦氏参考室、孙公纪念室（专藏商学书籍，华中大学的商科在文华大学校时期即为强项）、罗瑟厅（专藏关于中国情事之西文书籍）、司徒厅及各办公室，专门教学场所有教室、实习室、图书馆研究室及办公室等。对于图书馆学这样特殊的学科，其教育功能其实遍及整栋建筑。

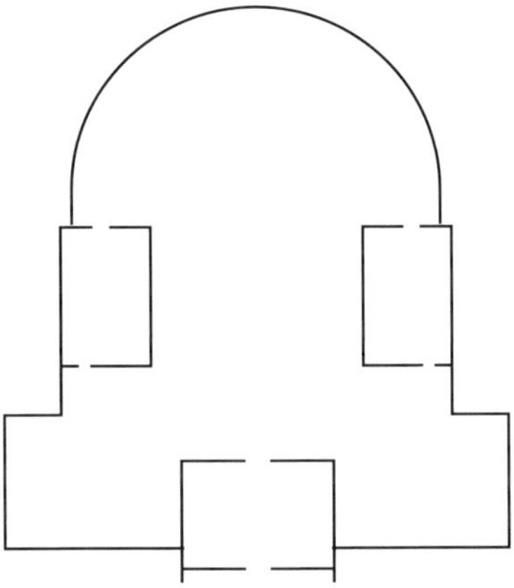

文华公书林平面图

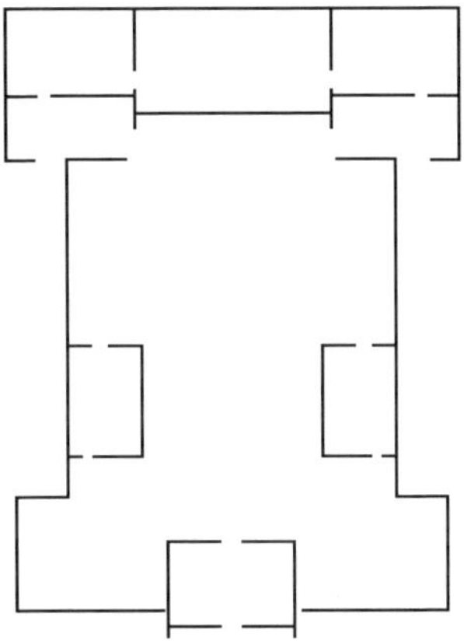

扩建后的文华公书林平面图

❷ 图书阅览

文华公书林整个平面是围绕着中间的矩形大厅展开的，其东西两个端头空间做阅览室，各设长桌两张。内部出纳大厅有五开间、七进深，由柱网构成。开间的东西端头为开敞式书架，其中第一进深部分的东西两端空间封闭成两个独立的小教室，依次为韦氏参考室和孙公纪念室。大厅的后面为圆形的出纳台和大小两间办公室，南面东西两端为两间小教室以及两个楼梯间。在整栋建筑的北面，二楼中间是罗瑟厅，东端为教室，西端为学院阅览室。三楼中间大厅部分为礼堂（即司徒厅），为无柱的全开敞空间。最南边中部作为讲台，其东西两端为教室，最北边分成展览室和阅览室。图书馆是人们获取知识、感受文明、塑造自我的场所，在这里进行着的是体味、倾听、交流和感应——一种

文华公书林正厅

由人的心灵与情感参与的内在活动。文华公书林力图给读者营造一个宽松的求知环境。

❸ 教学实践

文华公书林也是文华大学图书科以及后来的文华图书馆学专科学校的教学、实习、研究之所，教室多分布在公书林靠近楼梯间的位置，便于学生上下，也可以减少对到馆读者的影响。随着时代的变迁、教学的改进，许多空间的功能都发生了变化，如毗连司徒厅讲台的三楼南端西室，1928 年成为学生编目股活动室；二楼东首教室曾作为实习室，放置中英文打印机、目录柜、卡片等实习用品，1936 年与前门三楼左首之第二教室对调，这个空间之前是展览厅。在很大程度上，这些变化是由于图书馆学课程的拓展和招生人数的稳定增加而产生的。

文华公书林阅览室

文华公书林伴随着文华图专度过了十八年岁月。建筑缄默不语，至今业已湮灭，而其中蕴含的人文精神却泽被后世。“开放与实用”的理念和“智慧与服务”的校训相得益彰。曾在文华公书林这栋建筑中来来往往的人们，无论是读者，还是未来的图书馆员，都被这里的氛围熏陶着，文华校友的回忆录中也多见对它的感激之语。从这里走出的毕业生，将在这里体验和学习到的一切融汇成先进的图书馆学思想，把它像种子一样播撒出去，推动了我国近现代图书馆事业的发展。

五、走近市民身边的图书馆

文华公书林初创之时，由于当时公众对图书馆这一新生事物较陌生，没有利用图书馆的意识，学生也没有在图书馆研习的习惯，每天到馆阅览的人非常少。为了吸引读者，馆方积极采取措施，经常在校内外开展各种宣传活动，解说公书林的性质，号召人们前来阅览，并给来馆读者提供周到的服务。

❶ 首创开架借阅

当时的文华公书林在馆内已经实行开架借阅制，让读者直接在书架上寻找书籍。这不但在当时的中国没有先例，欧美也只有少数图书馆试行，因此来馆读者日渐增多，公书林的影响力也开始从武昌扩展至武汉三镇。

从文华公书林建成到1938年武汉沦陷，在相当长一段时间内，公书林实际上兼具华中大学图书馆、文华图专图书馆和公共图书馆三种功能。据有关资料记载，当时大厅内全面开架的公共图书馆占去全部面积的十分之七。大学图书馆设在一个角落，文华图专的图书馆在另一个角落，两校师生也和社会群众一样，可以向公书林借书。因此，文华公书林虽然馆址在文华大学校园内，隶属于文华大学，其宗旨却不仅是服务师生，它面向社会，为武汉三镇广大公众服务。

❷ 活跃于三镇的流动书箱

由于三镇范围广大，两江分割，读者不方便直接来馆。文华公书林先后在汉口的圣迈克尔教堂和三一教堂设立阅览室，这种在他处设阅览室的做法，即后来图书馆广泛使用的“流通点”模式，方便读者就近阅读。1914年，文华公书林设立流动图书馆，将各种书籍按50～100册的数量装箱，分送到各个学校、机关、工厂陈列，方便读者就近阅览，并定期交换书籍。同时，馆方还举办各种演讲会、音乐会、戏剧表演等活动，扩大影响。这些服务方式和内容，许多仍为我们今时的图书馆所使用，而在20世纪初的武昌，读者不仅拥有这样的读书场所，还能享受领先的阅读服务，可谓民众之大幸。文华公书林的一系列服务举措得到公众的赞赏与认可，逐渐成为武汉三镇赫赫有名的公共图书馆。

❸ 中西合璧的专业馆藏

至抗战前期，文华公书林中外藏书已达 44560 册，其中中文书籍 11300 册，外文（主要为英文）书籍 33260 册，开放借阅、流通的中英文书籍达 30080 册。此外，馆中还有远东地区是独一无二的若干特藏，如“韦氏参考书专藏”“罗公瑟士纪念室西文汉学专藏”“孙公纪念室商学专藏”等，还有图书馆学中英文专业期刊 640 册，包括全套《图书馆杂志》《公共图书馆》这两种期刊，《图书馆联盟》也基本齐全，收藏体系十分完备。馆中图书馆学专业书籍包括中文书籍 700 册，英文和其他外文书籍 18000 册，另有由文华图书科编辑出版的《文华图书科季刊》（九卷全），这种专业性藏书在当时的中国也是绝无仅有的。

此时的文华公书林已然成了社会学习的中心，其制订的许多制度，如流通图书馆、图书点、分阅览室，及图书采访、馆际互借、公共讲

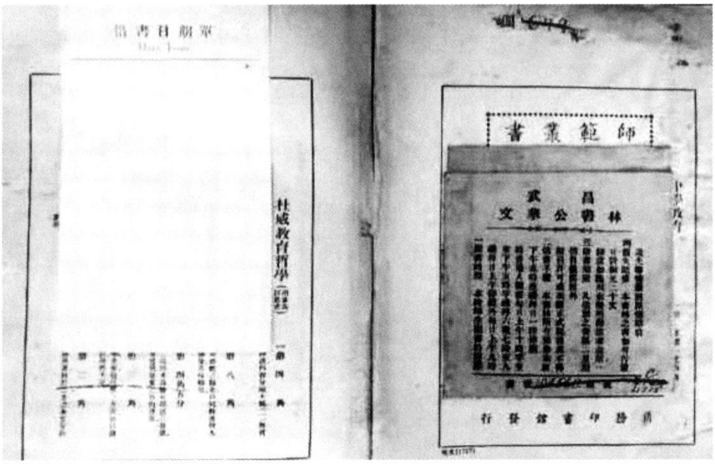

文华公书林藏书

座、流动图片展、音乐会、示范讲座、戏剧表演等公共图书馆的基本服务，一直延传至今。

六、新图书馆运动策源地

在创建文华公书林的过程中，韦棣华深刻地认识到在公书林的管理者都没有受过图书馆管理的专门训练，这对公书林的发展是一大隐患，于是韦棣华决定资助和派遣文华学生沈祖荣、胡庆生相继赴美留学，专攻图书馆学。

1914 年夏，受韦棣华的资助和派遣，沈祖荣来到美国纽约公共图书馆学校，成为中国图书馆史上留洋攻读图书馆学的第一人。沈祖荣于 1915 年 7 月以优秀成绩完成了专业基础课的学习，获得了毕业证书；1916 年 7 月又以优异的成绩完成了高级课程的学习，获得了哥伦比亚大学理学学士学位，成为中国历史上获得图书馆学学位的第一人。学成之后，1916 年，沈祖荣回到了祖国。1917 年夏，韦棣华又资助和派遣文华中学英语教员、文华教堂唱诗班领唱胡庆生赴美国纽约公共图书馆学校攻读图书馆学，韦棣华本人也于 1918 年第二次返美，赴西蒙斯大学图书馆学校进行为期一年的专业进修。1919 年，二人相继回国。在他们三人的推动下，20 世纪初，在我国掀起了一场轰轰烈烈的“新图书馆运动”。

文华公书林是我国“新图书馆运动”的策源地。新图书馆运动宣传了先进的美国图书馆的管理模式、为读者服务的理念；抨击了保守和落后的封建藏书楼，带动和促进了我国各地图书馆的建立。由于国内图书馆的不断涌现，图书馆管理人才十分匮乏，如果人们都赴海外留学，专门学习图书馆学，先不说不菲的费用，纵使学成归来，是否与当时的国内形势所相容，适应国内图书馆的发展？正如沈祖荣所言：“海外留学，所费不赀；远涉重洋，谈何容易？纵令虚往实归，而橘枳变易，势所必然。所学之件，在国外虽称合法，在中国不能完全采用。由是言之，欲推广图书馆之事业，务须在中国组织培养人才的机关，使学生将来学业有成，可以充图书馆之应用。”因此韦棣华、沈祖荣、胡庆生三人于1920年5月1日，以文华公书林为依托，创建了我国第一所图书馆学教育构——文华图书科，开我国图书馆学教育之先河。从这个意义上讲，文华公书林又可以说是我国图书馆学教育的孵化器，催生和壮大了我国的图书馆学专业教育。

七、现代公共图书馆事业的引领者

图书馆面向公众开放的理念，17世纪已在西方产生。19世纪70年代的美国图书馆事业已进入发达期，而客观地说，国内在这一时期还没有一间像文华公书林这样的公共图书馆出现。19世纪中期，传教士在上海设立的格致书院藏书楼、徐家汇天主堂藏书楼等教会图书馆，主要以教徒和外国侨民为服务对象，不向普通民众开放，尚不完全具备新式公共图书馆的性质。至于维新变法时期某些维新派创立的学会书楼、书藏（如强学会书藏），虽与旧式藏书楼有所不同，但所藏之书以宣传维新为主，读者也只限于会员和部分民众，只能算作近代新式图书馆的雏形，后因维新变法的失败而被相继关闭。从时间上看，其他新式公共图书馆基本上是在1903年文华公书林创建后陆续建立的。1904年向公众开放的浙江徐树兰的“古越藏书楼”（鲁迅图书馆的前身）和同年建成的商务编译所所长张元济的“涵芬楼”（1924年改为“东方图书馆”，1932年被炸毁）是最早的私立新式公共图书馆。教会所属的新式公共图书馆，除文华公书林外，较早的还有1910年上海圣约翰大学的罗氏图书馆。作为近代中国第一座新式公共图书馆，文华公书林为我国新式公共图书馆提供了基本的运营、管理模式，对近代中国新式公共图书馆的建立起到了示范、导引和促进作用。

文华公书林及类似的新式公共图书馆出现之后，1910 年，清政府学部颁布《京师图书馆及各省图书馆通行章程》，称图书馆为学术之渊薮，可保存国粹，造就通才。各省据此纷纷筹建省立图书馆。1915 年民国政府教育部公布《通俗图书馆规程》和《图书馆规程》，确认了图书馆应开放供公众阅览的职能，确立了私立图书馆的地位。1930 年的《图书馆规程》、1939 年的《修正图书馆规程》以及 1947 年的《图书馆规则》，均明确了新式公共图书馆是开启民智的社会教育文化机构，至此，新式公共图书馆的设立和管理有了一套比较完整的法律依据。据 1931 年中华图书馆协会统计，全国图书馆已有 1527 所，其中国立 1 所，省立 49 所，县立、私立 921 所，学校附设 413 所，机关附设 89 所，专门 54 所；1936 年抗战前增至 5196 所，达到民国时期图书馆事业发展的顶峰。追根溯源，这一切可以说与文华公书林有着密切的关系。

1938 年抗战期间，武汉沦陷后，曾经辉煌一时的文华公书林被日寇所侵占，其所藏 4 万余册书刊损失殆尽，典雅的装饰被彻底破坏，先进的设备被掠夺一空，直接经济损失约值 9 万多美金，其中还不包括上千件博物收藏；间接的，尤其是社会价值方面的损失则无法估计了。抗战胜利后，该建筑虽然幸存，但败坏不堪；复原后，被先期迁回武昌的华中大学所用。文华公书林从此失去了其公共图书馆的职能，文华图专失去了这块教学和实习基地。新中国成立后，华中大学改组为华中师范学院，20 世纪 50 年代后期，华中师范学院从昙华林迁出，原址遂移交给湖北中医学院（今湖北中医药大学）。文华公书林一度为武汉市的历史优秀建筑保护单位，但后被拆除。文华公书林虽然被拆除了，但它像一座永不磨灭的丰碑，矗立在人们的心中，至今仍令人怀念。

第二节　中国首家官办省立公共图书馆 ——湖北图书馆

1904 年，湖北图书馆在湖广总督张之洞、湖北巡抚端方所推行的办学新政中应运而生，一改我国藏书楼“重藏不用”之旧习，采用西方近代图书馆的运营模式对外开放服务，对我国近代图书馆事业具有开先河、创新局之重要意义。

一、馆舍初创，三易其址

清光绪三十年正月二十八日（1904 年 3 月 14 日），湖北诞生了全国第一家官办公共图书馆——湖北图书馆，由端方创立，武昌府知府梁鼎芬督办，位于武昌武当宫道院（今大成路）。

10 月 18 日，时任湖广总督张之洞将其所办仪器图书馆（主要服务于学校）与武当宫图书馆（允许校外研究者入馆）合并扩大，设立学堂应用图书馆，扩建馆舍，准人游览。扩建之后，图书阅览室、报章杂志阅览室、儿童阅览室均有设立，其址在武昌兰陵街西侧两湖劝业场（今武昌区解放路司隆百货）。

1905 年 3 月 8 日，学堂应用图书馆更名为“湖北图书馆”，购买了馆址附近的民房 10 余间，对馆舍进行了第一次扩建。扩建后的馆址有 1 栋两层楼的楼房、3 栋平房，大小房屋 20 间，总建筑面积达 2401 平方米。

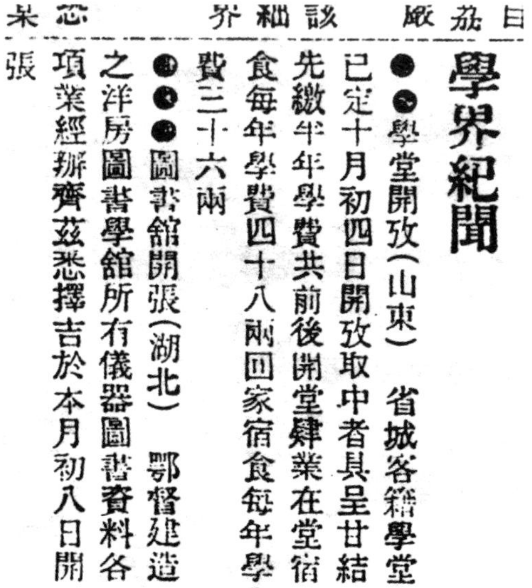

學界紀聞

●●學堂開攷(山東) 省城客籍學堂已定十月初四日開攷取中者具呈甘結先繳半年學費共前後開堂肄業在堂宿食每年學費四十八兩回家宿食每年學費三十六兩

●●●圖書館開張(湖北) 鄂督建造之洋房圖書學館所有儀器圖書資料各項業經辦齊茲悉擇吉於本月初八日開張

《警钟日报》刊《图书馆开张（湖北）》（1904 年 11 月 19 日）

1908 年初，原馆舍不复使用，经张之洞亲自交涉，以置换方式将旧址对面不远处的博文书院收归省有，指定为省馆新馆址。3 月，省馆迁入兰陵街东侧原博文书院（今武汉市公安局武昌区分局），改建后的馆址有 5 栋二层楼房、6 栋平房，总面积约 3150 平方米（此处至 1938 年西迁恩施前，一直为该馆所在地）。

1921 年，鄂军都督萧耀南捐款 6 万缗将馆舍次第修缮，1923 刻《重修湖北图书馆记》碑以志纪念。1924 年 3 月又将其在官督商办石膏公司之股份——白银 2 万两捐作省馆基金，并刻《捐助图书馆常年经费碑记》为训令（1980 年 3 月，武汉市公安局武昌区分局大院挖排水沟时清理出这两块残碑，两碑现存于湖北省典籍博物馆）。

1924 年 3 月，湖北图书馆改名为“湖北省立图书馆”。1926 年底，

1908 年兰陵街馆舍书库外景

北伐军光复武昌，国民革命军总司令部为了配合革命形势的发展，向群众宣传革命理论，决定委派钱介磐、李汉俊、章伯钧等筹备革命文化图书馆，该馆附设在省馆内，于 1927 年元旦开放。

1928 年，国民党省政府成立，湖北省立图书馆重新组织。1929 年秋，毕斗山任馆长，他在《湖北省立图书馆概况序言》中说道："图书馆为民众公共求知之所，包罗万有，贯通中外古今，无论男女老幼，贵贱贫富，聋哑残疾，皆顺其个性之所近，以自动阅读研究。""今远取欧美图书馆学最新研究之良法，一扫古代扃秘保存，视藏书为点缀品之陋习，以期达到美国图书馆格言所谓：以最好书籍，用最经济方法，流通到最多数人手里之目标……"作为中国公共图书馆运动先驱的湖北省立图书馆，发展到这时候，明确提出了要以美国新式公共图书馆为榜样，进馆新书改用卡片式目录，引用美国杜威氏十进分类法编目，成为一个新的体系；原藏古籍仍按四库全书总目的分类法插架。1928 年，该馆藏书估计为 10 万余册，其中古籍旧书 7 万余册，中文新书 1 万余册；1932 年 10 月的统计数据是新旧书 110943 册；1935 年藏书为古籍 9 万多册，善本书 3000 余册，新书 2 万余册，西文书 3000 余册，日文书 1000 余册，杂志 1000 余种、1 万余册，儿童书 4000 余册，共计 131000 余册。

大革命以前，读者进馆看书要收费，“供众阅览，进门买票”。这个办法在大革命时期被废除，以后再未恢复。1928 年以后，读者请领借书证要铺保盖章；图书出纳处和各阅览室每天上午 9 时至下午 5 时开

《重修湖北图书馆记》碑

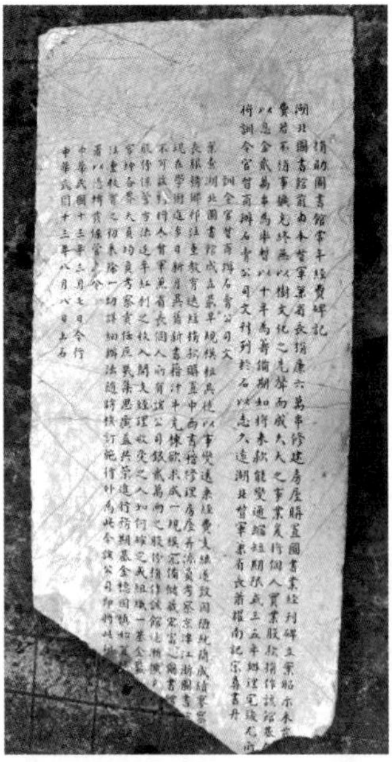

《捐助图书馆常年经费碑记》碑

放，星期天不闭馆；阅报室开放到晚上 9 时，儿童阅览室则在每天中午 12 时至下午 6 时开放。“逐日供众阅览，概不取费。”

20 世纪 30 年代，有两个问题横亘在省馆面前。首先，经费困难。据不完全统计，1928 年以后，历年经费月支情况如下：

一九二八年，月支二千五百九十元，其中购书费为一千元。一九二九年，月支二千二百元，其中购书费为六百元。一九三一年，月支二千一百五十元。一九三二年，月支一千五百四十元，其中购书费四百元。一九三七年，月支一千七百一十元。经费逐年减少。

其次，馆舍狭窄。当时的馆舍本是就博文书院旧址改建的，都是多年以前的旧建筑，狭窄潮湿，已不能适应社会的需要。

二、中西合璧，规模初显

湖北省立图书馆重新组织、修规立章，逐渐扩大了规模。1934 年，省馆馆藏图书 13 万余册，原馆舍已不能满足藏书与开放的需求。同年 2 月，湖北省政府委员会第二十七次会议决定筹建新馆。馆长谈锡恩聘请社会名流李书城、沈祖荣等 19 人为建筑委员会委员，负责方案征集、选址、结构设计、工程监督和必要设施的购置。委员会参观考察了北京、江苏、浙江等地的图书馆，并在武昌现场踏勘，最终选定武昌公园中抱冰堂右侧高观书院遗址（即蛇山南麓的湖北省图书馆旧址，现为武昌区武珞路 45 号）。

分析选址于此的原因，一方面由于该处位于武昌城内蛇山南麓，交通相对便利，且开阔地形可为将来的扩建提供充足的场地。另一方面，该处紧邻抱冰堂。抱冰堂建于 1907 年，得名于张之洞晚年自号“抱冰老人”，抱冰堂是当时湖北学界为纪念张督鄂十七年开湖北近代之风而建的生祠。新馆的这一选址无疑向晚清湖北教育改革的发起人和省馆的

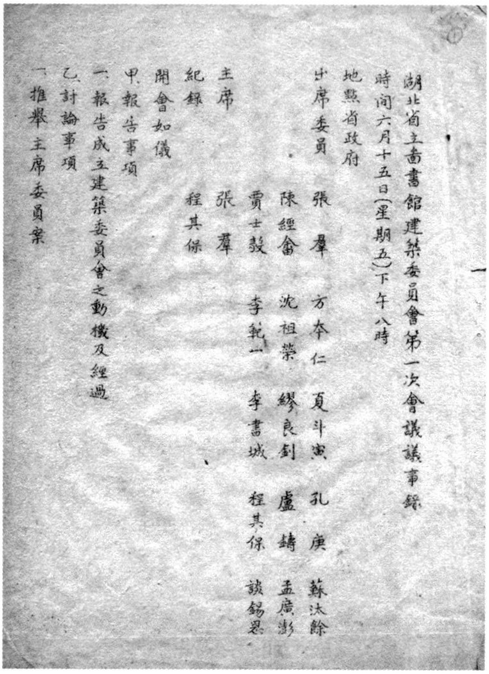
湖北省立圖書館建築委員會第一次會議議事錄
時間 六月十五日(星期五)下午八時
地點 省政府
出席委員 張羣 方本仁 夏斗寅 孔庚 蘇汰餘
陳經畬 沈祖榮 繆良釗 盧鑄 孟廣澎
賈士毅 李範一 李書城 程其保 談錫恩
主席 張羣
紀錄 程其保
開會如儀
甲、報告事項
一、報告成立建築委員會之動機及經過
乙、討論事項
一、推舉主席委員案

《湖北省立图书馆建筑委员会第一次会议议事录》

创办人张之洞表达了敬意。

委员会任命建筑师和工程师缪恩钊、图书馆专员沈祖荣和时任省馆馆长的谈锡恩负责设计和筹建工作。新建工程于 1935 年 10 月 1 日举行了奠基仪式，时任省政府法制室主任的刘复代表省政府主席张群主持仪式并致辞（刘复当天的日记现存于鄂州市图书馆），对省馆寄予了“文化复兴”的期望：“不但为本馆奠基，实为湖北文化奠基。”新馆由汉口袁瑞泰建筑厂承建，共耗资 20 余万元，于 1936 年 9 月建成，使用面积超过 2000 平方米，成为当时华中地区规模最大、设施最先进的公共图书馆。

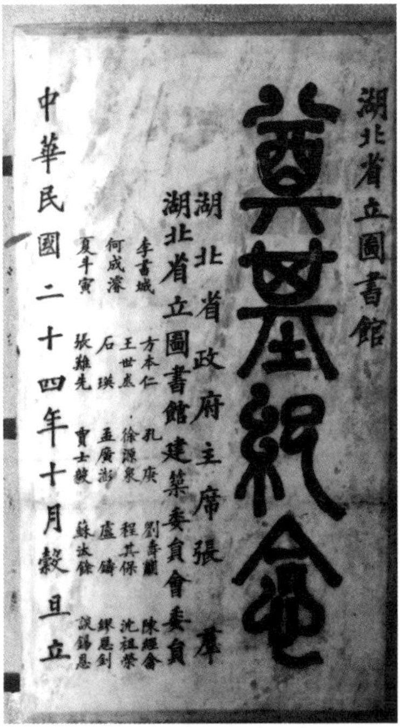

1935 年 10 月蛇山抱冰堂下馆舍之奠基碑

此次建成的位于蛇山南麓的新馆是省馆在新中国成立前一次大规模的馆舍建设，自落成之日起到 2012 年 12 月沙湖馆舍开放，该馆舍都是省馆的标志性主建筑，无论是在省馆的建筑史上，还是在中国公共图书馆事业发展的历史长河中，均留下了浓墨重彩的一笔。

缪恩钊（1893—1959），江苏常州人，清华大学毕业后赴美留学，时任国立武汉大学珞珈山新校舍监造工程师、工程处负责人，负责施工技术监督及部分结构、水暖设计。他在进行图书馆的设计时，借鉴了武汉大学校舍建筑工程总设计师、美国人开尔斯在武汉大学的设计理念，使省馆新馆与武汉大学图书馆（老馆）遥相呼应，同为中西合

湖北省图书馆鸟瞰图

璧的佳作。

该馆舍是一座典型的中国传统复兴式近代建筑，其内部为钢筋混凝土结构，外形则碧瓦飞檐、雕梁画栋，是我国最早的钢筋混凝土结构与民族形式相结合的建筑之一。其主楼为“凸”字形，坐北朝南，正立面为三层的主体建筑，两侧有对称的二层建筑，北面四层是书库，书库两侧有东西小院，两小院外角各有一栋四方攒尖平房。中间三层正立面的外墙上有 6 块山水、祥云图案的浮雕，外墙四周的钢窗下有 31 组象征吉祥的麒麟、凤凰浮雕。馆舍东西长 66 米，中部进

1936 年落成的湖北省立图书馆新馆

深 20 米，整栋建筑古朴壮观、庄重考究、宁谧典雅，是当时新材料、新技术与中国传统形式相结合的典范，是我国早期的图书馆专用建筑之一。

时至今日，在该楼一层大厅南边墙面上，还完好地保存着三块碑：时任湖北省教育厅厅长程其保撰《湖北省立图书馆记》碑；刻有时任湖北省政府主席张群和建筑委员会会员李书城、夏斗寅等 20 位社会名流名字的奠基纪念碑；时任湖北文史馆馆长沈肇年书《缪恩钊工程师设计、袁瑞泰营造厂承建》碑。此三碑见证了该楼奠基、竣工之时那段庄重的历史。

省馆新馆的另一位设计者是文华图专的校长沈祖荣。沈祖荣是中国首位在美国接受图书馆学专业教育的图书馆员，是文华图专的奠基人韦棣华女士信任的继承人。作为中国现代图书馆运动的重要引介人，沈祖

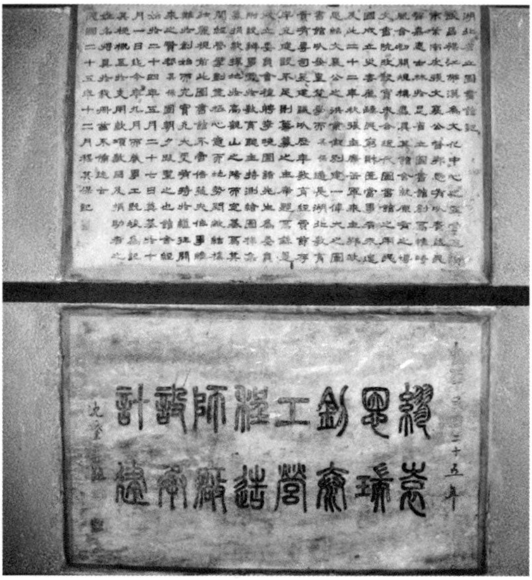

《湖北省立图书馆记》碑、《缪恩钊工程师设计、袁瑞泰营造厂承建》碑

荣为新馆的建设与发展提供了极大的帮助。他注意到了美国图书馆建筑的庄严宏伟，更关注到了图书馆的公共、自由、开放。在他看来，现代图书馆的本质是全民的大学，在这里人们可以汲取精神营养，因此他认为图书馆应旨在开展民众教育，实现对百姓的“启蒙教化”。沈祖荣坚持只有使用新技术才可以促进并确保图书馆资料与服务能够得到充分、有效的利用的观点。

沈祖荣在省馆新馆中引入了许多科学的方法，如使用新分类方法、开架系统和卡片目录。沈祖荣进一步建议采用新的系统对中文图书进行分类和编目，因为中国传统的四部（“经史子集”）分类系统已经无法满足因新出版物的日益增多而不断增长的需求。沈根据杜威的分类法做出调整，编制了统一中文新旧图书的《仿杜威十进分类法》。这

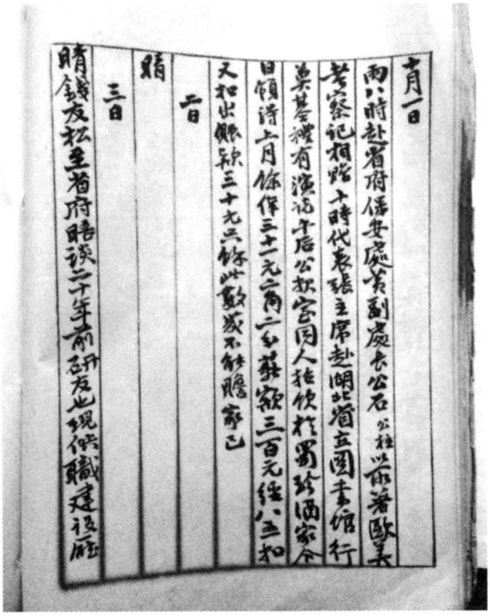
十月一日
雨 八時赴省府保安處黃副處長公石 公柱 以所著歐美
考察記相贈 十時代表張主席赴湖北省立圖書館行
奠基禮 有演說 午後公叔宮同人往飲於蜀珍酒家 今
日領得十月份俸三十二元六角二分 薪額三百元 經八五扣
又扣出賬款三十七元六餘 此數殊不敷贍家已
二日
晴
三日
晴 錢友松至省府晤談 二十年前石研友也 現供職建設廳

湖北省第三区行政督察专员刘复的日记

套改良后的分类法首次把中文新旧图书统一分类，首次运用阿拉伯数字等符号。

沈祖荣并没有否定民族遗产，他深信保存传统经典会促进中国民族精神的传承。沈祖荣还建议使用更详细合理的图书布局，鼓励人们充分利用书架上的书，有效地分享知识。沈祖荣利用自己的专业知识，经过不懈努力，省馆新馆馆内安排合理、馆藏现代出版物多、图书馆管理员训练有素且有为公众服务的精神，堪称一座真正具有现代意义的公共图书馆。

1936 年 6 月，创始于清同治年间的崇文书局并入湖北省立图书馆，移交版片 75467 块，书籍 10186 部，并于 7 月更名为“湖北省立图书馆书籍印售处”，除应社会需要继续印售古版刊物外，还担负省馆的一切装订印刷事宜。这一时期的省馆在省政府各界人士的支持下已粗具规模，馆藏总量与馆舍条件均位于全国图书馆前列。

1936年9月29日，位于蛇山南麓的新馆舍竣工；10月1日，省馆新馆完成验收；1937年1月，钢书架装置完成；11月5日，重要馆藏、珍贵图书已迁入新馆舍。12月南京失陷后，武汉成为国民政府“战时首都”，在将近一年的时间里，这栋楼成为“抗战统帅部”——军事委员会所在地，省馆所藏图书又悉数迁回兰陵街老馆舍。当时军委会下设的办公厅、军事处、总务处、秘书处、高级参谋室及机要室等6个核心机构均设在蛇山南麓的新馆中，从某种意义上说，武汉保卫战就是在这里指挥的。

三、风雨西迁，颠沛流离

1938年1月，为防止日机轰炸，省馆在新馆舍后面的蛇山脚下建地下防空洞一座，以备储藏图书。7月，省馆奉命随省政府西迁鄂西。在鄂西，省馆四次修建馆舍，开始了长达8年颠沛流离的艰苦历程。

10月，武汉沦陷。此后直到1945年8月，在7年的汪伪政权统治时期，兰陵街老馆舍被伪武汉特别市保安司令部占用了三分之二，而蛇山新馆舍也为日本侵略军所占用。

1939年8月，伪市教育局派人清理未及西迁的留存图书，并将尚存的6万册古书、2万册新式装订书、图书目录及报章杂志运至蛇山新馆舍储存，派保管员与工役各一名，负责保管事宜。同年9月1日，在兰陵街老馆舍成立“武昌图书馆”，由伪市教育局管辖，1940年10月交由伪省教育厅管辖。1941年1月6日，武昌图书馆易名“湖北省立武昌图书保管处”;9月23日，更名“湖北省立图书馆”。至1944年底，

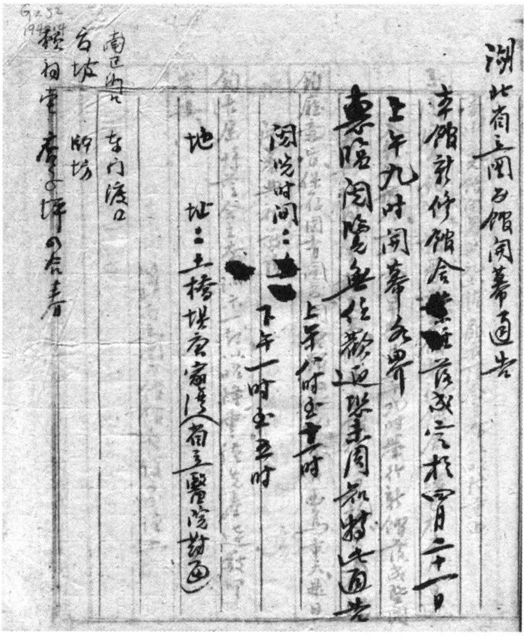
湖北省立图书馆开幕通告

《湖北省立图书馆开幕通告》

馆藏图书 17.02 万册。

跟随省政府西迁的省馆，在 1938 年 11 月将所藏中外文重要图书安全移至秭归。中文古旧书和西文书存放在秭归、兴山两县交界的游家河岩洞内，馆方在秭归新滩杜家祠开辟了阅览室，一部分中文新书开放借阅，每天接待读者约 120 人，坚持了一年。

1939 年 8 月 5 日，馆方派人到巴东接收了湖北省教育厅转来的杨守敬藏书 6093 册、图 80 幅，搬到兴山兴隆寺。由于湖北省政府已迁到恩施，省馆于 1939 年 3 月搬迁至恩施。这次搬迁，前后历时三年。到恩施后，在艰难的条件下，馆方先后在五峰山、土桥坝、舞阳坝等处开放了阅览。

抗日战争时期湖北省立图书馆所在地——恩施五峰山

1939 年 9 月下旬，馆方将图书分三批，先后用船运至宜昌，并在宜昌设办事处，开始办公，同时在恩施土桥坝唐家湾新建馆舍，1940 年 4 月 21 日对外开放。此馆舍分前、中、后三栋建筑，整体呈工字形，建筑面积 253 平方米。

1941 年 9 月 15 日，省馆奉省政府陈诚主席令，暂迁往土桥坝店子坪原合作社所租公产房屋内，略加改建后于 10 月 10 日开放，建筑面积 377 平方米。

1942 年 3 月 24 日，省馆配合五峰山文化区建设，在恩施五峰山建新馆，同年 8 月 26 日开放，原土桥坝店子坪设分馆开放。后因五峰山馆址偏僻，11 月 24 日，经湖北省教育厅批准，又迁回土桥坝店子坪原址。

1944 年 4 月 20 日，省馆在恩施舞阳坝邓家湾第四次建设新馆舍，1945 年 2 月 17 日建成开放，建筑面积 337 平方米。

抗日战争胜利以后，1946 年 1 月，湖北省教育厅决定将省馆搬回武昌，改称“湖北省立武昌图书馆”。留下一部分图书，另建立“湖北省立恩施图书馆”，继续在恩施的工作。1946 年 8 月 8 日，省馆馆

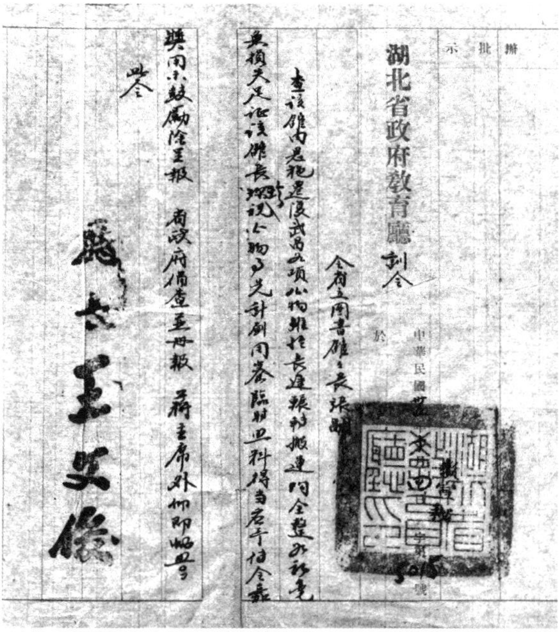
湖北省政府教育廳 訓令

1946 年 10 月 4 日，因张翩领导省立图书馆迁复有功，湖北省教育厅为其颁发的嘉奖训

藏图书 11 万余册、版片 9453 块，以及员工 23 人，全部复迁到武昌蛇山南麓的馆舍，原被敌伪保安司令部占用的馆舍当即收回，稍经清理，在全馆努力下，着手恢复业务，更名“湖北省立武昌图书馆”，于 1948 年 1 月对外开放。当时开辟一个报章阅览室、一个杂志阅览室和一个中文图书阅览室，开架陈列图书 1 万册，供大众自行取阅。五月以后，图书馆连续两次被迫闭馆驻兵，图书、版片多有损失。到了 1949 年武汉解放前夕，职工不足 20 人，留守蛇山脚下。

1904—1949 年这 45 年间，省馆七易馆址，建新馆舍，至 1949 年 5 月 16 日武汉解放时，馆舍只余现武珞路 45 号旧址的“特藏楼”一栋，建筑面积 2370 平方米，藏书 28 万余册。

四、稳中求进，繁荣发展

1949 年 7 月—1954 年 10 月省馆名更改频繁：1949 年 7 月—1950 年 8 月，名为“湖北省立人民图书馆”；1950 年 8 月—1950 年 11 月，名为“湖北省立武昌人民图书馆”；1950 年 11 月—1951 年 8 月，名为“湖北省武昌人民图书馆”；1951 年 9 月—1954 年 9 月，名为“中南图书馆”，是中南地区的中心图书馆；1954 年 10 月 12 日至今，定名为“湖北省图书馆”。

新中国成立之初，一个重要的任务就是对旧省馆进行改造：一方面强调面向群众，走为工农兵服务的道路；另一方面培养、教育干部，提

20 世纪 50—60 年代湖北省图书馆东侧的阅览室

高他们的政治思想水平和业务工作能力，树立他们“一切为人民”的基本思想。与此同时，上级党委陆续派来了一批青年干部充实省馆。在业务工作方面，当时着重抓了两点：一是向广大工农兵“开门”，二是配合党开展工作。从 1952 年起，省馆成立推广组，新参加工作的青年同志们意气风发地走出大门，背着书箱到工厂、工地、部队去，送书上门，供群众阅读，着手建立图书流通站，当好图书宣传员。1956 年，党中央发出“向科学进军”的号召以后，文化部召开全国公共图书馆工作会议，指出省级图书馆同时承担为科学研究服务和为广大群众服务两项任务，并侧重为科学研究服务。20 世纪 50 年代后期，省馆已有工作人员 70 多人，设有总务部、采编部、阅览部、科学服务部、参考辅导部等部门，分别进行日常工作。馆内设有普通阅览室一个、科学阅览室

1958 年建成之湖北省图书馆期刊楼

一个、专家研究室三间，还有报刊阅览室一个、儿童阅览室一个。每年来馆阅览的读者有 22 万多人次。新中国成立后，馆藏新书急剧增加，20 世纪 50 年代后期藏书总数已达 100 多万册，约相当于新中国成立前 45 年间累积藏书量的三倍。

1960 年底，党中央决定对国民经济实行“调整、巩固、充实、提高”的八字方针。在八字方针的指导下，省馆讨论了调整工作布局、提高服务质量的问题，认识到要提高服务质量，必须坚决贯彻省级图书馆应全面执行的两项任务，并侧重为科研服务的正确方针，抓好三项工作：第一，做深入细致的调查研究工作，探索为科研、为生产服务的途径；第二，整顿藏书，清理积压，编制目录；第三，抓紧武汉地区中心图书馆委员会的工作，组织地区协作网，联合起来，向省、市科研人员提供所需书刊资料。1964 年，省馆抽调了三分之一的干部参加中心工作；三分之一的工作人员成立农村服务部，送书下乡；三分之一的工作人员留馆工作。科学服务部与期刊部先后撤销，内部整理工作完全停止。

五、为企业服务的《铜钢文摘》

武汉钢铁厂（以下简称“武钢”，现重组为中国宝武武钢集团有限公司）是新中国成立后兴建的第一个特大型钢铁联合企业，于 1955 年开始建设，1958 年 9 月 13 日建成投产。

武钢初建之时，各种专业资料匮乏，与省馆的合作颇多。当时武钢专家发现大冶铁矿富含大量铜质的矿石，含铜钢在机械、防腐等性能上优点突出，如果能炼出含铜钢，则是武钢在质量上、效益上的大突破。省馆获悉他们正在研究这一课题，于是主动将其列为重点服务项目。为使工作有效率，参与服务工作的馆领导、部主任和业务骨干始终与武钢保持密切联系。武钢总工程师亲自带领馆方人员逐厂、逐车间参观，并参加他们的一些学术会议。情况清楚后，在开发文献上就可少走弯路。省馆从馆藏中先后查出2000多种文献，经武钢专家核定，适用的有1000多种，后选出806种，由馆方人员摘录、汇编、油印成《铜钢文摘》。文摘的编印，对武钢专家研究铜钢多有助益。

同时，省馆努力满足武钢在其他方面的文献需求。1962年起，省馆与新华书店、武汉科学院图书馆协作，在武钢组织“资料供应站”，共同下车间了解需求，为各个生产攻关战役准备图书资料，亦收到了较好的成效。比如在炼钢厂的三个攻关战役中，他们参考了由省馆提供的332册图书后，先后解决了85个大大小小的问题，夺取了攻关战役的胜利；1965年，武钢进行“大型钢锭保温帽设计”，省馆为其提供63种外文资料，并全部译成中文供他们参考……省馆为武钢服务10余年，深受技术人员欢迎，馆里多次收到武钢送来的奖状和感谢信。

在省馆的业务档案中，多有这类为企业服务的记载。在1958—1966年这段时期里，专为科研、生产服务的“科学服务部”常年与200多家集体借书单位和500余名个人读者保持联系，平均每年接待读者万余人次，外借图书资料万余册次，提供阅览数万册次。当时建立未久的一批大中型企业，如武汉重型机床厂、武昌造船厂、武汉锅炉厂、机床附件厂等，都曾大量使用省馆的文献资料。这一时期，省馆助力生产，大大发挥了“文献资料中心”的社会功能。

六、为文学服务之《李自成》

姚雪垠（1910—1999），现代小说家，原名姚冠三，河南省南阳市人，长篇历史小说《李自成》是其代表作，也是其在逆境中创作的精品。小说以明末义军领袖李自成、明末皇帝崇祯为中心，塑造了一系列形象鲜明的历史人物，其规模宏大、气势磅礴、文笔新颖，堪称农民革命战争的历史画卷。这部巨著从1957年动笔起，历时30余年，约230万字，分为5卷，从20世纪60年代出版第一卷时就影响较大，第二卷于1982年荣获首届“茅盾文学奖”。

姚雪垠在武汉创作《李自成》第一、二卷期间，常来省馆借阅文献资料。当时为姚雪垠创作《李自成》提供资料的任务，是由省馆参考阅览室承担的。当时为参考室负责人的昌少骞回忆这段历史，认为协助作家详细地获取资料，是图书馆人应尽的职责。

1961年9月，姚雪垠被省馆列为重点读者，并为其办理借书证，享受优惠服务，从此姚雪垠开始了来省馆借阅资料的历程。

“文化大革命”期间，姚雪垠被下放到湖北埔圻县（今赤壁市）劳动六年，在此期间没有来馆，因此实际来馆借阅资料的时间是八年。在这八年间，他每年借阅资料120种，共计借阅960种，借阅的资料以古籍线装书为主，其中又以地方志和别集居多。省馆收藏的线装书仅供馆内阅览，概不外借，如为重点读者的特殊需要，方予外借。姚雪垠每次借阅，都是事先将书名和作者函告馆方，参考室将书找好后即函复，他一进室即开卷阅读，抄录所需资料后离馆。在他不能来馆但需将书借出时，就由其夫人王梅彩来馆。如其所需的资料省馆缺藏，馆方就用馆际互借方式向武汉大学图书馆、中国科学院武汉分院图书馆、北京图书馆、上海图书馆、重庆市图书馆代借。

湖北省图书馆旧址（武汉市武昌区武珞路 45 号）

1977 年 5 月，姚雪垠在《李自成》第一卷修订重版《前言》中对省馆致谢；1984 年 2 月，他又为省馆建馆八十周年题诗二首留念。

其一

武昌城内蛇山麓，佳木葱茏明我眸。
秋月常窥写字案，春阳也照借书楼。
三年泽畔风吹帽，五夜灯前雪压头。
每忆孤征艰苦日，抱冰堂下翠烟浮。

其二

归来莫道雄心减，风雨幽窗苦著书。
白发催人征路远，青山迎面步行徐。
芸编对我犹怀旧，彩笔凌云再奋初。
倘若石渠排牛鬼，史诗入梦竟何如？

为便于理解，作家特意加了注释。第一首第四句指省馆在他借阅资料时尽力帮忙，第五句指他于 1960 年调回武汉，第七句指他孤独地埋头写作《李自成》。第二首第四句、第五句指他于 1973 年春调回武汉，来省馆借书，省馆热情为他服务，一如往日。“石渠”即“石渠阁”，为汉代国家藏书之处，诗中以其借指省馆。

第四章
知识先驱

武昌是片神奇的土地。在这里，诞生了中国第一个现代意义上的公共图书馆，设立了第一个官办省立公共图书馆，创立了第一所图书馆学教育专科学校……无数个第一，都是历代先贤们奋斗的结果。

第一节 张之洞——近代教育事业的奠基人

张之洞（1837—1909），字孝达，号香涛、无竞居士，晚年自号抱冰，曾任湖广总督十四年。湖北武汉文化教育事业能有今日之格局，与他在湖北大力推行的新政密不可分。蛇山南麓的抱冰堂，是 1907 年湖北当地门生与僚属为纪念张之洞赴京任军机大臣而建的纪念生祠，1934 年国民政府拟建省馆新馆时，便选址此处，与抱冰堂比邻相望。武昌有条路命名为张之洞路，也是为了纪念这位为武汉近代发展做出过杰出贡献的晚清名臣。

作为清代洋务派的代表人物，张之洞提出的“中学为体，西学为用”，是对洋务派和早期改良派基本纲领的一个总结和概括。毛泽东对其在推动中国民族工业发展方面所做的贡献评价甚高，曾说，提起中国民族工业，重工业不能忘记张之洞，轻工业不能忘记张謇。张之洞在兴

张之洞

办新式教育方面的作为同样可圈可点。张之洞曾言："人皆知外洋各国之强由于兵，而不知外洋之强由于学。夫立国由于人才，人才由于立学，此古今中外不易之理。"担任湖广总督之后，他在湖北大规模兴办新式教育——实业教育、师范教育和国民教育，创立了很多湖北知名的大学，如自强学堂（今武汉大学的前身）、农务学堂（今华中农业大学的前身）、湖北工艺学堂（今武汉科技大学的前身），还创办了矿物学堂、算学学堂等。为振兴教育，他又于1902年在全省范围内先后设立五十多所初、高等学堂和农、工、商、医、方言等各专门学校，"学生总数达五千以上，几乎把武昌城变成一个学校城"。张之洞不仅将西方先进的技术带到了中国，同时还将当时西方先进的教育理念带到了中国，为近代湖北乃至全国的教育和社会的发展做出了巨大贡献，从那时开始，中国的高等教育才开始与世界接轨。

抱冰堂

张之洞十分重视留学教育，在晚清“游学”方面，湖北是派出留学生最多的省份之一。新式教育的大力推行从实践上开创了中国教育近代化的先声，这些文化教育方面的改革，使得武汉在历经数百年的沉寂之后，终于在 20 世纪初重新崛起，“惟楚有材，于斯惟盛”再一次成为令人骄傲的现实。当时湖北教育在全国的地位，“近日中外教育家往往因过鄂看视学堂，半皆许为完备。比较别省所立，未有逾于此者”。湖北近代新式教育的发展为武汉地区近代图书馆的诞生提供了必要条件，图书馆实为当时办学的产物。

这些新式教育活动使张之洞“教育强国”的构想在推动中国教育近代化的过程中起到了重要作用。也有学者认为，辛亥首义之所以能在武昌成功，与张之洞兴学育才的思想及实践密不可分，虽然他的本意是为了挽救清王朝，但正是由于他的新学教育，启化了一批求变求新的仁人志士，为中国之命运而舍生取义，投身于革命活动之中，点燃了烧毁封建体制的火种。

张之洞讲求实学，于1869年在武昌三道街文昌阁设立经心书院，从中选拔读书优秀者为之所用。书院所研习的多为经解、史论、诗赋、杂著等，标榜实学，注重经世致用。

张之洞也比较重视对学生学习的管理和思想的控制。1903年，两湖书院改为两湖高等学堂。将课程调整为经学、中外地理学、算学、中外史学、理化学、法律学、财政学、兵事学等八门，成为具有文、理、法三科的综合性高等学堂。学生则由原来的240名减至120名，初以两湖、经心、江汉三书院的优秀生升入高等学堂学习，入校者必先补普通学科一年，习专门学科三年，然后出西洋留学一年，共五年毕业。

两湖书院从一个传统的书院演变成一所新式学院，又随着西学课程的增多而终成一新式学堂。张之洞在1898年将两湖书院、经心书院改为学堂时提出“两院分习之大旨，皆以中国（学）为体，西学为用，既免迂陋无用之讥，亦杜离经叛道之弊”。

张之洞最广为人知的贡献是1890年创办汉阳铁厂。这一创举，让武汉在国民革命时期因“汉阳造”而声名在外。正是在兴办汉阳铁厂的过程中出现的资金耗费，让他尤为重视资料收集与实践研究。汉阳铁厂初建时，张之洞发电报给清政府驻英国公使薛福成，让他在英国购置两台炼铁炉，要当时英国最好、最先进的。薛福成奉命到英国顶级工厂采购，英国工程师问薛福成：“贵国炼铁厂采用的是酸式炼铁法还是碱式炼铁法？”薛福成作为一个外交人员，哪里知道怎么炼铁。英国工程师建议把建铁厂的铁矿石运到伦敦，由英国工厂负责化验，出了酸碱性结果再告诉薛该买酸式炼铁炉还是碱式炼铁炉。于是薛福成立刻发电报告知张之洞，要先验矿石，再买炼铁炉。张之洞急于让汉阳铁厂早日开工，早日炼制出中国自己的钢铁。以当时的物流水平，这一来一回需要很长时间，于是张之洞的回话乃豪气十足："中国之大，何所不有，岂必先觅煤铁而后购机炉。"——管他酸式的碱式的，给我来两个最大的。薛福成按照张之洞的要求花巨资购置回两台大型炼铁炉，结果果然与铁矿石的酸碱性不符，炼出的钢铁韧性特别差，特别脆，很容易折断，根本无法广泛应用。结果可想而知，只得借款三百万重新改装炼铁炉。

经此失误，张之洞愈发重视西学之功用，在继续主张改革传统教育的同时，张之洞开始认识到"西学"的重要性，并着手试办以"西学"为主的新式学堂，如工艺学堂、自强学堂。光绪十六年（1890年），张之洞在都司湖经心书院旧址创办了两湖书院，开设经学、史学、理学、文学四门课程，宗旨是培养"出为名臣，处为名儒"之才。

张之洞早在广东设立广雅书院时就注重藏书建设，推动了学堂开展藏书建设的风气，因此其创设的其他学堂也重视藏书建设。在两湖总师范学堂，设有南北两个书库供师生阅览图书、报纸、杂志。维新变法运动期间，康有为、梁启超主张振兴教育、孕育人才、开启民智，具体措施有设学校、开报馆、建图书馆等。在这样的时代思潮影响下，张之洞必然也意识到建设图书馆对人才培养的重要性，在他的极力促成下，湖北、湖南的图书馆得以成功创办。1904年，湖北图书馆应运而生，成为最早的官办省立公共图书馆。它逐渐从书院藏书楼转变为社会化的图书馆，既要宣传中国传统文化，又要满足开明人士学习西方政治文化的需求，古今中外书籍兼收并蓄。当时，各界读者必须衣着整洁，进门买票，来图书馆的往往是缙绅先生。

省馆作为我国近代第一所真正意义上的公共图书馆，具有划时代的意义，与同期创建的湖南图书馆一起，均被视为我国近代公共图书馆的先锋。可以说，近代图书馆率先出现在湖北、湖南，与张之洞担任湖广总督期间广泛开展的文教改革实践有密切关系。

第二节　端方——中国最早的公共图书馆创办人

端方（1861—1911）满洲正白旗人，八旗子弟。端方是一个非常有上进心的旗人，他没有像其他的八旗子弟一样不学无术，享受与生俱来的荣华富贵，而是热心向学，勇于接受新事物。1882 年，端方中举。1898 年，戊戌变法开始后，端方被任命为农工商总局的督办。

一、中国第一个赴欧美考察团成员

光绪三十一年（1905 年），端方受慈禧太后钦点，作为出访欧美考察宪政的五大臣之一，与载泽、戴鸿慈、尚其亨、李盛铎四大臣分为两路考察欧美政治、经济、文化制度，“以收富国强兵之效”。端方带领戴鸿慈为一路；载泽带领尚其亨、李盛铎为另一路。

端方

端方一行以中国历史上第一个赴欧美考察团的身份，对美国图书馆、海军学堂、银行、教堂等地方进行了一个多月的参观考察，特别对美国斯坦福大学的图书馆、博物馆及学生宿舍进行了深入、细致的了解，与校长等人讨论学校管理问题及办学理念，并接受当地记者采访，对所见所闻倍感精到新颖，做了详细记录。

端方一行考察美国国会图书馆时，感受到了西方图书馆管理理念的新奇。建于1886年的美国国会图书馆，高达12层，不仅建筑外观堂皇庄严，“华石为墙，雕甍为瓦”，室内也处处宽敞明亮、干净整齐。国会图书馆藏书丰富，不同语言的文理两类书籍多达15000种，每日可接待读者2000余人。入馆读者查找出书目编号之后，即由图书馆服务员将书交到读者手中，读者可在馆内随意阅读或摘抄，极其方便、快捷。端方考察团大开眼界，对此甚表赞叹。

端方一行考察波士顿的美术院和博物馆时看到，它们虽均是由美国私人所创建，其馆中之物也都是各界私人捐赠，甚至一些极其贵重的收藏之物也是来源于社会人士的公益捐助，但普通百姓可以随意进馆观看，考察团从中感受到了国外向全社会开放的私人公共机构的先进性，对此赞叹不已。离开美国，抵达英国伦敦，端方等人又着重对大英博物馆进行参观考察，看到馆内所收藏的各类文物虽然“收罗甚众，贵重难得”，同样允许国内民众或外国来宾无偿、随意地观看，这使端方一行领略了宏博的英国文化事业，了解了其为大众提供便利的公益性公共文化服务事业，深受启发，觉得中国在今后的实践中应借鉴、效仿。

二、建立湖北省第一所现代公共图书馆

在湖北、湖南两个省级图书馆的创建史中，端方是关键人物之一。清光绪二十七年（1901年）端方任湖北巡抚，光绪三十年（1904年）

调江苏巡抚，摄两江总督，年底任湖南巡抚。身为封疆大臣的端方，对湖北和湖南两所图书馆的筹办给予了关注，1904 年 8 月 3 日《湖南官报》第七三一号载《鄂垣图书馆》一文，报道："前由端午帅（端方）派员在沪买各种书籍，并往日本购办图书、标本、形模等件，现由该员先后运鄂陈设。"1907 年 3 月，时任湖南巡抚的端方委托图书馆收发委员黄嗣艾在东游日本之际，"就便将图书馆办法详细考察"并购书籍。

端方在湖北任上，与张之洞联合奏请清廷，在湖北设立一家官办公共图书馆，即现在的湖北省图书馆。官办的意义是指由国家或地方政府资助并管理，免费为社会公众提供服务，具有向公众开放、经费由政府财政负担的基本特征，且其设立和经营遵守政府的明文规定。从这些显见的特征来看，湖北省图书馆能成为全国第一家官办省立公共图书馆，其建立与端方的力促紧密相关。图书馆建立后，端方十分重视藏书质量，专程派人去上海和日本购置图书、标本和形模等件，以增加省馆的藏书品种与数量。后他用以巡抚的权势，从武昌各类旧式书院中征集了 4 万余册古籍，一并收藏于该馆。这是端方重视中国传统文化、为珍藏贵重古籍而创办中国官办公共图书馆的尝试。

三、开办湖南境内第一所公共图书馆

1904 年 3 月，端方札饬部属开办公共图书馆，"省垣学务正兴，所有各种科学，东西各国书籍器具，拟设图书馆一所，藉可藏储各书籍，以便各学堂就便调阅，惟定王墓旧有图籍器具归并办理……其图书馆监督查有溆浦教谕陈绅庆年堪以胜任"。随后拨出白银一万两，创办了官立湖南图书馆。在收集图书方面，端方下令将散存于各级官公所的各类书籍都收集起来，与新购置的书籍一起集中收藏于湖南图书馆，不对民众开放，只有各类学堂、书馆学生或各级官员与绅商方可进馆阅览或摘抄。湖南图书馆的成立对开启民智、发展教育、改革民风民俗以及促进文化事业的发展进步方面也有突出贡献。

四、首创中国全开放型公益图书馆——江南图书馆

1906年10月，端方履新两江总督伊始，对中国过往官府的藏书馆及为数众多、大小不等的私家藏书楼的发展情况都做了深刻的反思。他认为“强国利民，莫先于教育，而图书实为教育之母”，终能收到“开益神智，增进文明”的至善之效用。

1907年11月，端方筹定资金，拨付巨资白银34761两有余，实施建立公共图书馆的计划。他要求建造时务须“搜罗美备，建筑精宏”，并广招“司书编校各员”，制定完善的藏书借阅规则。1910年11月，图书馆建成，正式开馆接待读者。与以往的图书馆不同的是，该馆的读者为全体民众，且馆内图书可以任意阅览。这即是端方在中国首创的全开放的官办公益图书馆，定名为“江南图书馆”（现南京图书馆的前身）。

端方在创办湖北、湖南图书馆的成功经验的基础上，以其出访考察回国后的新理念，果断在南京开创近代公益图书馆——江南图书馆。从这三大图书馆的创建历程来看，称他为近现代公共图书馆事业之先驱并不过分。在这几个图书馆的建设过程中，端方亲力亲为，不仅为中国积聚了珍贵的文化古籍，也为当地广大读者提供了“开启民智”的知识基地，极大地促进了长江中下游地区政治、经济、文化的发展，加快了我国近代化的历史进程。

五、开近代各项公共事业之先河

清末《辛丑条约》的签订，使得有识之士深刻地意识到亡国的巨大威胁。改弦易辙，推行“新政”，便成为朝廷上下的自觉行为。其中，

张之洞、端方推行的“湖北新政”最为轰轰烈烈。

比较而言，张之洞兴办工业和办学并重，端方则将办学视为第一要务。据端方《筹议变通政治折》，他批判旧科举、提倡新教育。他初任湖北巡抚时，恰逢朝廷颁布兴办新式教育的诏书，筹办新式学堂是奉旨办事，不可怠慢。当时的情形，正如端方所言：“近年屡奉谕旨，均以兴学育才为急。”

为了兴办新学，端方亲力亲为，丝毫不敢怠慢。在他的指导下，全国第一所近代幼稚园亦花落武昌。湖北幼稚园位于武昌阅马场，建于1903年9月，一切设施均为仿照日本，建有开诱室、训话室、游戏室、图书室、玩具室等，还建有户外游戏场、游戏山、游戏亭等。1904年1月改为蒙养院，现为湖北省实验幼儿园。

幼稚园开办、小学开学，端方均前往训话、勉励诸生。当时湖北教育在全国的地位，端方自豪地说：“近日中外教育家，往往因过鄂看视学堂，半皆许为完备。比较别省所立，未有逾于此者。”

端方离任湖北前夕，师范学堂、五路高等小学、文普通中学、武普通中学、文高等学、武高等学、方言学、农学等次第开办。学堂次第开办，教育品用量日益增加，使得办学经费总显不足。为了节约经费，使有限的办学资源发挥最大的作用，以一定的教育用品服务更多的师生，创办图书馆便是一个有效的解决办法。图书馆，就全国范围而言，当时尚属新鲜事物，但在湖北学界则早有在全国建立图书馆之动议。光绪二十九年闰五月十五日《湖北学报》之《关图书馆及博物馆等事》一文云：“一、图书馆。京师大学校及各省会各立大图书馆一所，各府厅州县亦每处立一所，以藏中东欧美新旧图籍，任人观看。凡欧美所出新书及民间新译新著，随时购入以期完备。”《湖北学报》乃端方就任湖北巡抚时所创刊物，《学制私议》应为端方所知晓。端方选购“图书、标本、形模等件”，与《学制私议》图书馆和博物馆条之议论大体吻合。端方《筹建学堂完备折》所言，均为办学情况。在学校次第开办之后，端方郑重提及“创立图书馆一所”，是因创立图书馆乃办学之自然延续，创设图书馆的主要目的是为办学服务。

总之，湖北省最早创立官办公共图书馆，绝非偶然，实因湖北开全国近代教育之新风，创立图书馆乃办学之自然延伸和需要。值此之由，省馆清末由学务处管理，民国归教育厅直辖。

端方在湖北、湖南和江苏首创了公共图书馆和运动会，也是他将电话、电影放映机等带进中国，向国人介绍西方牲畜屠宰和肉类检验制度。他创设了市民公园以及现代监狱；他是中国官员中第一个推行女子公费留学的人，安排首批官派20位女子留学生前往日本学习师范教育；他筹划了中国历史上第一次工商博览会；他主持了江苏第一次公开的民意代表选举；他曾经在南京、苏州和上海大力倡导全民种树，赏罚分明，敦促官员、军人植树……在出洋考察的时候，他还收集了古埃及文物，成了近代中国收藏外国文物的第一人。

1911年11月，时为钦差大臣的端方被四川新军所杀，时年50岁。

第三节　韦棣华——中国现代图书馆事业的奠基者

韦棣华（Mary Elizabeth Wood，1861—1931），1861年8月22日生于美国纽约州爱尔巴镇一个新英格兰人家庭。韦棣华出生后不久，她的父亲成为一家公司的代理商，举家迁到纽约州巴达维亚城。韦棣华在巴达维亚中学毕业后，就读于波士顿西蒙斯女子学院图书馆学专科。1889年，巴达维亚成立里奇蒙德图书馆，韦棣华成为该馆首位图书管

韦棣华

理员，并担任馆长。她以衣着古典和外貌端庄被左邻右舍所称道。在里奇蒙德图书馆，每周都会有孩子们喜欢的故事时段，来听故事的孩子们会得到馆长赠送的热巧克力，还被允许在书库中捉迷藏。

韦棣华是家中长女，与胞弟韦德生感情深厚。韦德生是虔诚的基督教徒，并最终成为一名牧师，立志到最艰苦的地方去布道。韦德生选中了中国，并前往武昌。他到武昌后住在大朝街圣米迦勒堂，成为“中华圣公会”的一名神职人员。1900 年义和团运动爆发，教士的生命安全得不到保障。韦棣华在韦德生不听从安排、不回国的情况下，前往武昌探望。而她在抵达武昌，看到韦德生安然无恙后，并没有长期留在中国的想法，只不过想借机在中国做一个短期的游历。

巧合的是，当时圣公会创办的文华书院师资奇缺，韦德生建议姐姐暂时在文华书院担任基础英语教师，以解燃眉之急。韦棣华到中国后，也发现中国与她想象中的大相径庭。在强烈的“宗教献身精神”的感召下，她决定留下来，接受教职，以自身所学为中国做点事。

一、创办文华公书林

韦棣华在文华书院教书十分认真，被学生亲切称为“我们敬爱的老师”。因为享有盛誉，1912 年创办于武昌的外国语专门学校也聘请她担任英语教员。尽管教学可以让她与弟弟在中国相依为命，不为生计发愁，但她在美国长期的图书馆工作经历，加上对中国民众迫切需要公共知识的了解，让她对当时中国已有的图书馆开放利用的状况感到强烈不满。武昌这个地方是中国的经济、文化中心，学校也有几十所，可这里连一所公共图书馆都没有，这使她很快把工作重心与工作兴趣转向了图书馆服务。

韦棣华作为来自当时图书馆事业较为发达的国家的前图书馆馆长，对图书馆事业抱着强烈的期望，认为这是一个能让大众接受普惠教育的公共场所，应该开放、共享，以启迪民智。她在文华中学就职不久，就发现校园内图书资料贫乏，教师无可参考之教学资料，学生亦无可参阅之书籍。学生的疑难问题，全凭口说论讲，没有资料可供佐证，这让她觉得不可思议，这里迫切需要一个图书馆来满足中国学生对知识的渴望。

韦棣华首先设法多方面搜集图书。她给美国的妇女辅助会、教会期刊俱乐部和美国教会报社的朋友们写信，请他们捐助图书。她的信很快得到了回应，各种各样的图书从美国邮寄过来。为了管理和利用好这批图书，韦棣华在文华校园东区的八角亭创办了一所小型图书阅览室，有近 3000 册各种书刊、教义和小册子，供读者免费阅览。

韦棣华深知图书馆在大学教育中所占的重要位置，它是不可或缺的办学设施。昙华林一带自古以来文化气息浓郁、教育兴盛，无论是当时的武汉还是文华书院，都需要一座真正意义上的公共图书馆，于是她开始四处奔走。1906 年，她利用回美国度假的机会，到纽约、费城、波士顿、巴尔的摩等地的教会和知名人士中募捐、演讲，还发表文章，不放过任何筹集资金的机会。经过多年持续不断的努力，在各方面的帮助下，1910 年 5 月 16 日，在武昌昙华林，造价 10 万美元的文华公书林终于落成开放，成为当时文华校园里最宏伟壮观的建筑。文华公书林由韦棣华任馆长，沈祖荣任协理（副馆长）。1921 年由于建设文华图专的需要，文华公书林进行了扩建。

二、创建文华图书馆学专科

私立武昌文华图书馆学专科学校（简称“文华图专”）是中国最早创办的图书馆学、档案学教育机构，堪称中国图书馆学教育的发祥地。

开创中国公共图书馆先河的文华公书林设立之后，韦棣华想到了图书馆专门人才的培养问题，加之民国初期各地纷纷建成新式图书馆，图书馆业务规模逐渐扩大，对图书馆专业人才的需求也越发强烈，韦棣华开始在文华大学（文华图专经升级改为文华大学）的校内筹办图书科。韦棣华为图书科的创办做了充足准备。师资方面，韦棣华先后于 1914 年、1917 年资助毕业于文华图专、在文华公书林担任其助手的沈祖荣、胡庆生到纽约公共图书馆学校学习，自己也多次到大学里进修图书馆学理论知识，为创立文华图书科打下了坚实的专业基础。经费方面，韦棣华大力募款，并用募集的捐款设立“韦棣华基金”，由专门的董事会管理。她还争取到美国圣公会每年 8000 美元和美国妇女问题研究会每年 2000 美元的补助。1918 年，韦棣华致函美国圣公会伍德主教，其创办图书科的请求获得圣公会的准许，争取到当时文华大学新任校长孟良佐的支持，同意在文华大学内附设一个图书科，并解决校舍和部分经费问题。

1920年3月，文华大学图书科正式成立，开创了中国正规高等图书馆学教育的先河。创办之初，图书科的教师仅有韦棣华、沈祖荣、胡庆生三位；首届学生只有6人，即陈宗登、裘开明、黄伟楞、许达聪、查修和桂质柏，均为文华大学文学院二年级学生。首届学生于1922年毕业。1924年，以文华大学为主体，合并博文书院和博学书院大学部，成立华中大学，文华大学图书科更名为华中大学文华图书科。1927年，因受时局影响，华中大学临时停办，1929年9月重新开学。在华中大学停办期间，图书科以"文华图书馆学校"的名义继续开办。

三、争取将美国退回的庚子赔款用于图书馆教育事业

1923年，文华书院毕业生、曾任文华大学附中校长、时任中华基督教青年会全国总干事的余日章提议把美国退回的庚子赔款的一部分用于推进中国图书馆事业，韦棣华积极参与，为之拟定请求书。韦棣华于1924年返美，致书美国总统和国会，向国会议员陈述理由。1924年，美国决定由中美双方组成中华教育文化基金董事会，负责退还的庚子赔款的分配及用途。该基金会每年资助文华图专5000美元用于教学及奖学金支出。受美国影响，英国在1926年的《中英咨询委员会报告书》中也决定将退回的庚子赔款之大部分作为基金，用作教育事业，并对文华图书科常年给予资金支持。韦棣华晚年的主要工作就是为学校争取捐赠，她的美国朋友帮助她争取到11000美元，她用这笔经费成立了韦棣华基金，之后又有数人增加了对该基金的馈赠。1925年，韦棣华参加中华图书馆协会，任图书馆教育委员会书记。1926年，韦棣华代表协会出席美国图书馆协会成立50周年纪念大会，1927年又代表协会出席英国图书馆协会成立50周年大会，并编写《庚子赔款与中国图书馆运动》一书。1929年，图书科独立为文华图专，成为中国最早的图书馆学专科学校。

四、独立为民的公共图书馆服务

文华公书林开放后，公诸武汉三镇，在许多人看来，这已经是很难得的了，但韦棣华认为做得还不够。她同时在一些国立大学里开办各种讲座，以吸引学生和群众走进图书馆，并在1914年成立了中国第一个流动图书馆，深受广大群众欢迎。1914年前后，她又创立了“巡回书库”，即选择一些书籍，设点存置于武汉各处学校及事业单位，使读者能就近阅览。这些书每隔几周便更换一次，可使人人都能看到新书。她想，这样也许就能使不在文华学校附近上学的学生也有机会读到文华公书林的大部分书籍。这个办法虽然后来没能坚持下去，但是反映出了韦棣华对图书馆服务工作考虑得周到而细致。由于她的主张，文华公书林不仅为读者提供书籍，而且还主办过不少次公开演讲、读书会、音乐会等，向大众普及文化知识，真正把图书馆办成了一种事业，发挥了服务民众，提升民智的直接效益。

文华公书林开放后，韦棣华采用了当时最先进的全开架取阅办法，由于人多手杂，不免发生一些丢失、损坏书籍的事。当时文华大学的校长翟雅各对此事很反感，主张立即闭库，严格限制校外学生自由出入，一些外籍、中籍教员也纷纷赀议，反对开架办法。韦棣华则认为对丢失损坏事件，应从劝勉告诫出发，使有恶习者逐渐改正，而不宜因少数不良者蔑视绝大多数人，拒他们于门外。她主张仍应开架，供人自由阅览，文华公书林的书不怕偷，不用赔！追溯这段历史的人，喜欢用这“两个不”来形容当时文华公书林勇于创新的勇气。诚然，读书在当时还是一件奢侈的事，对普通老百姓来说，不要说买书，识字的都很少。而那些识文断字的读书人，也面临着无书可读、可读之书少的现实。这时候，在韦棣华带领下的文华公书林推行种种“共享”举措，不啻于雪中送炭，因此广受民众欢迎也就不足为奇了。

开架法在当时还是引起了争议，文华大学有一段时间在经费上对文华公书林进行克扣，但韦棣华坚持不改。对于韦棣华等人的这种先进的图书馆服务理念和办馆措施，并非所有人都能接纳，文华大学校方尤其难以接受，以致当时的文华大学校长翟雅各去世时（他于 1918 年逝于江西九江），其家属遵遗命将其藏书赠予上海圣约翰大学图书馆，而未赠予文华公书林，足见其成见之深。开架还是闭架，丢书是否赔付，是图书馆工作中争论最多的老话题，直到现在我们还在争论。韦棣华在异国土地上经理一所公共图书馆，又是在当时那样一种社会风气下，能采取一种较为开明的做法，不能不令人钦佩。

韦棣华一生未婚，身无长物，生活是简朴的。她本非富有，但总是尽其所有维持文华公书林和文华图书科，并时而接济那些生活拮据的学生。在她晚年时，曾有一个朋友开玩笑说，下次你谒见美国总统时，切勿再穿戴平时的衣物了。可见韦棣华晚年为了图书馆事业奉献了她的所有。

韦棣华为文华图书科定的校旨是“智慧与服务”，这在当时虽然多少有一些抽象人文主义的味道，现在看来，她早在一个世纪前就明确了图书馆最终的服务目标。

韦棣华始终坚持文华公书林独立于文华大学之外，并不为文华大学校私有。她于 1930 年 12 月 10 日所立的四项遗嘱中，第一项便强调“文华公书林不作为华中大学（1924 年文华大学改组为华中大学）图书馆，必须保持独立，为民众服务”，文华公书林因此被誉为“武汉三镇各机关、各学校、各人士皆得而应用之公共图书馆也”。

韦棣华于 1931 年 5 月 1 日于武昌逝世，在中国服务 31 年，她创办文华公书林、文华图书科，争取将美国退回的庚子赔款用于图书馆教

韦棣华追悼会

裨补学界　潜滋暗助

——纪念美国友人韦棣华女士

蔡　元　培

本文是三十年代蔡元培先生为纪念美国友人韦棣华女士来华服务三十年而作，发表在1931年《文华图书科季刊》上。

韦棣华　Mafy Elizabeth Wood(1862—1931)女士，早年就学于西蒙斯（Simmons College）图书馆学院，1900年来华，任教于武昌文华大学兼该校图书馆员，在此期间，她不仅勤于职守，革旧创新，而且为创办文华公书林、文华图书科而四出奔走，成绩卓著。1927年她代表旧中国图书馆界出席在爱丁堡举行的英国图书馆协会50周年大会，为倡导成立国际图书馆及目录学委员会(International Lib. and Bibliog. Committee)——国际图书馆协会联合会前身——的十五个国家的代表之一。

今年值蔡元培先生逝世40周年，韦棣华女士来华80周年，文华公书林和文华图书科成立70和60周年，我们重新发表蔡元培先生此文作为纪念。

文章标题和标点是本刊加的，《蔡元培集》编辑者高平叔同志校订。

——编者

韦棣华女士远道来华，不辞劳瘁，居武汉中心，实施实际工作，尤致力于图书馆。余曾作韵语颂赞之，用志钦仰。今年五月，诸君子为韦女士举行来华服务三十年，及文华

王之力，广搜秘笈，首先提倡；士大夫闻风兴起，亦往往缥缃万卷，坐拥书城。明清之际，尤为显著。“绛云”、“天一”、“藏丽”、“芳椒”，殆难悉数。清代学术之盛，

蔡元培纪念韦棣华之文章

育事业……凡此种种，不避艰难、不分国界、扶贫济弱，重道德、实智识，数十年如一日，“非天下之至公者孰能如此？”著名教育家蔡元培先生道，“于众图书馆中乃知老成先进，弥孚众生。”

第四节　沈祖荣——中国图书馆学教育之父

沈祖荣(1883—1977)，字绍期，1883年8月27日出生于湖北宜昌，家境贫寒，因邻居家小伙伴在教会学校宜昌美华学校读书而跟读。1899年，沈祖荣进入宜昌圣公会教堂做勤杂工，因勤奋刻苦，在1901年被推荐到圣公会在武昌创办的文华书院就读。1905年毕业于武昌文华书院，留校任图书馆员。1907年，在完成了中学学业后，他被学校推荐到文华大学学习，1911年获得文华大学学士学位，并在韦棣华女士创办的文华公书林任职。

沈祖荣

一、就职文华公书林

在文华公书林任职的决定来之不易。当他决定在公书林就职时，亲戚朋友都不赞成，认为好不容易大学毕业，可以去学校教书，也可以作洋行买卖，整理书籍的工作雇一个失业的识字小工足矣，何需一个大学毕业生？在风气未开之时，让当时之人理解图书馆事业的意义，实属为难。然而启迪民智、唤醒民众在当时是知识分子救国之方向，沈祖荣毅然决定投身图书馆事业，致力于民众教育。

在文华公书林，沈祖荣担任的是协理（副馆长）职务，但公书林的全部工作只有韦棣华（馆长）与他承担，工作任务十分繁重，这对于并未受过图书馆专门训练的沈祖荣来说十分艰难，他发现图书馆事务并不像想象中容易，“一切均很隔膜”，全部工作只能摸索着做。更为困难的是，当时的人们完全没有利用图书馆的意识，每天到公书林来的人寥寥无几，令沈祖荣“真是大大的失望”。但他并没有因此气馁，而是积极采取一些措施来吸引读者。他积极准备学生论文资料，动员教员提供资料名称，来查找资料的学生日益增多。

为把文华公书林办成武汉人的公共图书馆，沈祖荣跟随韦棣华，设法邀请中西名人到公书林，每月举办两次定期巡讲，将巡讲门票发放给各校师生，借师生来听演讲的机会，宣传公书林、介绍藏书，于是文华公书林的影响逐步超出文华大学的范围，前来阅览者日渐增多。为了满足更多读者的阅读需求，沈祖荣在韦棣华的指导下，在武汉三镇设立巡回书库，将2000多册中英文书籍送到三镇的各街道、工厂、商店，文华公书林逐步成为享誉武汉三镇、具有公共性质的图书馆。

二、赴美学习图书馆学

沈祖荣是中国赴国外学习和研究图书馆学理论、实践现代图书馆方法与技术的第一人。1914 年，为了培养文华公书林的专业管理者，沈祖荣受韦棣华女士的资助赴美国纽约公共图书馆学校攻读图书馆学。沈祖荣大开眼界，觉得自己以前对图书馆的所知所见浅陋至极，图书馆的种类、工作以及管理方法五花八门，不是短时间可以学习研究完的事。于是沈祖荣如饥似渴地刻苦攻读，课余以及寒暑假期间，他到处参观不同的图书馆，经常参加学校图书馆组织的实践工作，向馆长请教各种业务知识，交流学习心得和体会。天长日久，他和馆长成了好朋友。沈祖荣回国后，该馆长还专门从美国寄来 150 册图书赠送给文华公书林。1916 年，沈祖荣以优异的成绩获得了中国第一个留美图书馆学学士学位，是中国获得图书馆学专业学位的第一人。毕业后，沈祖荣回国，继续在文华公书林工作。

三、推动新图书馆运动

1917 年回国后不久，作为第一个图书馆学专门人才，沈祖荣肩负起推动整个中国近代图书馆事业发展的重任，揭开了以抨击传统藏书楼之陋习、倡导建立美式近代图书馆为主要内容的新图书馆运动的序幕。他先后奔赴华中、华东和华北各地，讲演图书馆对振兴国家的重要性，宣传美国图书馆学理论和新方法、新技术，呼吁将我国图书馆变为民众的社会教育机构。他希望当时的中国政府认识到图书馆与国家发展之间的密切关系，呼吁广筹经费，随处设立图书馆。在沈祖荣、胡庆生等有识之士的积极倡导和参加下，新图书馆运动蓬勃发展。1925 年，以研究图书馆学术、发展图书馆事业，并谋图书馆之协助为宗旨的全国性图书馆学术团体——中华图书馆协会成立，从而把新图书馆运动推向高潮。举步维艰的图书馆事业，在中华大地上开始崭露头角。

四、文华图书馆学专科学校首任校长

在推动新图书馆运动的同时，沈祖荣还极力开展图书馆学教育。他发现，国民对图书馆事业有了初步的认识，但仅仅通过宣传依然不足以发展图书馆事业，尤其是图书馆专门人才的培养，如果专靠出国留学，不说远涉重洋耗资巨多，而且学到的知识是否能直接为中国所用、是否适合中国国情都是问题。当务之急，是要有自己的人才培养机构。经反复游说，文华大学校方同意了沈祖荣与韦棣华创办文华大学图书科的建议。为筹备图书科，1917 年韦棣华又资助文华书院英语老师胡庆生赴美攻读图书馆学。1920 年 3 月，在武昌私立文华大学校长孟良佐的支持下，沈祖荣与韦棣华一起创办了我国第一所图书馆学教育机构——文华大学图书科。沈祖荣一方面倾力于各种事务，另一方面又与同仁一起广为联络，四处游说，劝募基金，以推动文华大学图书科和文华公书林之发展。

1927 年夏，武汉时局紧张，华中大学被迫停办，沈祖荣等竭力维持文华图书科，仍然以“文华图书馆学校”的名义继续单独办学，并担任图书科主任。为了谋求文华图书科的发展，1929 年初，沈祖荣以“文华图书科基金会代理主任”的名义向国民政府教育部呈交了成立文华图书馆学专科学校的报告。8 月，该报告获教育部批准。9 月，华中大学复办，文华图书科仍属其一科。1930 年 12 月，文华图书科正式脱离华中大学，改名私立武昌文华图书馆学专科学校，成为中国第一所独立的图书馆学专门学校。

文华图专成立以后，沈祖荣担任校长一职，更是不遗余力地维持文华图专的发展，一人讲授西文编目法、图书馆行政学等课程，他十分重视培养学生的实践能力，扩宽学生的知识面，进而提高学生的研究能力，还创立了图书馆学课外教学与实践的方法。

五、图书馆学学科研究带头人

沈祖荣既是图书馆学教育的组织者、领导者，也是图书馆学领域的学术带头人，许多学术理论都是他在中国首创的。

沈祖荣与胡庆生合编了《仿杜威书目十类法》，这一分类法在学习新技术、编制图书分类法方面具有划时代的贡献。在此之前，图书馆界的普遍做法是新旧书籍分别采用不同的分类法，这给图书的管理和利用都带来了诸多不便，而《仿杜威书目十类法》将中西类目结合起来，是中国第一个为中文书所编且用标记符号代表类目的新型分类法，第一次实行古今中外图书统一分类，第一次采用先进技术编辑中国文献，具有划时代的意义。

沈祖荣一生不遗余力地倡导研究图书馆学“要特重事实”“不避琐碎题目”“审合社会情形”“介绍新知识”，1929 年亲自创办了《文华图书科季刊》。因为《文华图书科季刊》，文华图书科的学生迅速成长为中国图书馆界的脊梁；因为文华图书科学生的成就，《文华图书科季刊》得以迅速成长为与《中华图书馆协会会报》和《图书馆学季刊》齐名的国内三大图书馆学术刊物。

1929—1937 年间，沈祖荣亲自规划组织文华图专的师生编写出版了“文华图书馆学专科学校丛书”19 种，其中竟有 13 种是文华图专学生的手笔！沈祖荣以中华图书馆协会重要创办人的身份，作为中华图书馆协会的唯一代表，于 1929 年携带国内精选的 4 篇学术论文和大量展品参加了在意大利举行的国际图书馆协会联合会第一次年会，使中国图书馆事业与学术研究成果第一次走向了世界，登上国际图书馆事业的舞台。在抗战最困难的时候，因为沈祖荣的卓越贡献，中华图书馆协会得以维持和发展。

六、西迁重庆，战后重振

1938 年武汉沦陷后，文华图专全校职员西迁到重庆。在极其艰苦的条件下，沈祖荣不仅维持了文华图专原有的规模，还开办了档案管理讲习班，1940 年又呈请教育部批准正式设立了档案管理科。抗战胜利后，1946 年寒假，他又率文华图专全体同仁自重庆迁返武昌。原有的校舍被破坏，沈祖荣借得文华中学二部校舍开学，并自 1947 年起将文华图专由二年制改为三年制，使图书馆学专科学校更加完善。

沈祖荣（右）晚年与夫人在庐山寓所

但校舍问题一直到新中国成立前也未能得到明显改善。尽管困难重重，让文华图专在自己手里发展壮大始终是沈祖荣的心愿。他制定了一个《文华图书馆学专科学校战后工作计划》，拟建立一所韦棣华纪念馆，把文华图专发展成为一所可授予学位的图书馆学、档案学和博物馆学学院。1949 年 5 月武昌解放，沈祖荣号召全体同仁坚守岗位，将文华图专完整地保留下来，为新中国图书馆学教育事业打下坚实的基础。文华图专继续办学，沈祖荣仍任校长。

七、文华图专由私立转公办

1951 年 8 月，中南军政委员会接管文华图专，沈祖荣任副校长，学校名称去掉“私立武昌”四字，改为“文华图书馆学专科学校”，自此，文华图专由一所有教会背景的私立学校变成一所公办学校。1952 年，文华图专并入武汉大学，改为图书馆专修科，沈祖荣成为武汉大学教授，直至 1959 年退休。1977 年 2 月 1 日，沈祖荣逝世于庐山寓所。

第五节　胡庆生——早期中国图书馆学教育事业的发起人

胡庆生生于 1895 年，1915 年毕业于文华大学医科之生物专业，毕业后留校教英语。由于其文学、外语出类拔萃，于 1917 年被派往美国攻读图书馆学硕士学位，成为中国图书馆学硕士第一人，继而转攻教育学，当时由于助学金被取消，他只得发挥生壁炉的“特长”，勤工俭学，后难以为继，于 1919 年回国，在韦棣华女士手下筹建文华图专。

胡庆生

准确地说，胡庆生有至少 12 年的“图书馆学家”身份，他是早期中国图书馆学教育史中不容忽视的角色。

在文华图书科的初创期、扩展期，胡庆生与沈祖荣的理念是一致的，表现在行动上就是工作中互为补充，相互支持。在离开文华图书科之前，胡庆生与沈祖荣一直是韦棣华最得力的左臂右膀，是为“沈胡”并称时期。

19 世纪中后期，欧美图书馆学传入我国。韦棣华为了发展中国的图书馆事业，于1910年建成了新型图书馆“文华公书林”。为储备师资、建立文华图专，韦棣华资助沈祖荣、胡庆生于 1914 年、1917 年先后赴美，在纽约公共图书馆学校专攻图书馆学。受韦棣华资助的沈、胡学成返回武昌后便开始积极准备并多方奔走，呼吁兴办图书馆。他们一面着手准备教材（如“移植”杜威分类法等），一面联合全国基督教青年会，组织宣传团，携带各种仪器，分赴华中、华东、华北等地开展新图书馆运动的宣传，“凡湖北、湖南、江西、江苏、浙江、河南、山西、直棣、足迹殆遍”。通过作巡回性演讲、办展览，胡庆生与沈祖荣更多地接触了中国图书馆的实际，也争取到中国教育界（如中国教育改进社等）的帮助。他们密切配合，携手奋进，成就了图书馆界的一段佳话。至此，在韦棣华的悉心领导及沈祖荣、胡庆生的努力下，已做好了推动中国图书馆建设和创建国内首个图书馆专门人才培训基地的准备。

据谢灼华主编的《中国图书和图书馆史》中所载，我国图书馆学学校教育始于1920年，由美国人韦棣华以及沈祖荣、胡庆生等在武昌创办文华图书科，后改名华中大学文华图书科。当时教专业课的教师只有韦棣华、沈祖荣、胡庆生三人，学生上课和实习都在文华公书林内。著名图书馆学家杜定友先生在《我与图书馆学教育》一文中写道：“当1921年我毕业回国的时候，全国图书馆专家，初期只有沈祖荣、胡庆生二人（1916年回国），在武昌主办文华图书馆学专科学校。”

沈祖荣和胡庆生合编的《仿杜威书目十类法》于1917年由武昌文华公书林、圣教书局出版发行。这是首部仿“杜威法”运用标记符号代表类目的新型分类法，开我国近代图书分类法之先河。它的类名摆脱四库法的束缚，采取了哲学宗教、社会与教育、政治经济等比较科学的、能反映时代特征的名称，且编有方便运用的检字索引。这部分类法是20世纪初新图书馆运动的产物，对我国图书馆事业的发展和文献分类学的繁荣有很大推动作用，是中国近代图书分类法的里程碑。由于它有创始之功，因而杜定友称其是“我国第一个为中文图书而编的新型分类法”。继沈祖荣、胡庆生“仿杜”后，陆续有后来者共编制了20余部“仿杜”“改杜”“补杜”等十进分类法。

1924年9月，胡庆生与沈祖荣合作，在《新教育》第9卷第1、2期合刊上发表了《中国图书馆几个问题》一文。文中称，此文系遵戴志骞、陶行知嘱，为全国图书馆专门会议讨论而写就。文章共分五部分：中学是否需要图书馆；中学图书馆之经济如何维持；馆员选择问题；何人能选择图书馆之书籍，其选择法如何；用何法引导学生利用图书馆。1925 年 9 月，中华图书馆协会列 5 个委员会，其中图书馆学教育委员会正副主任为洪有丰、胡庆生。1929 年 1 月 28 日—2 月 1 日，中华图书馆协会在南京金陵大学召开第一次年会，到会 200 余人，选出包括胡庆生在内的 15 人为执行委员。会议提案 160 多种，内容涉及图书馆法令等。1929 年 6 月 15 日—30 日，国际图书馆协会联合会在罗马及威尼斯召开第一次国际图书馆与目录学会议。当时的图书馆协会特请包括胡庆生在内的专家撰写了 4 篇论文，印制成书，在会场分赠给各国代表，极受欢迎。胡庆的论文题为《中国之图书馆员教育》。

胡庆生热心图书馆协会活动，在图书馆学教育、学校和公共图书馆等各类型图书馆的研究方面均颇有造诣。他在文华公书林的扩建、新图书馆运动的推广、文华图书科的创办等工作中与沈祖荣并肩合作，为开创我国图书馆事业做出了重要贡献。

1929 年，因个人原因，胡庆生离开文华图专，投身金融业。其创办的上海商业银行武昌分行很快成为武昌的龙头老大。此银行大门设计是当时全市唯一的“转门”，这“杰作”从一个侧面反映了胡庆生追求新事物、大胆借鉴国外先进经验。胡庆生的私宅中安装了从外国引进的大风车，也表现了他的这一特点。抗战期间，在胡庆生先后到成都、重庆、恩施谋职，在重庆时供职于国际贸易委员会，在恩施时供职于省银行总行，任总行储蓄部经理。1947 年，胡庆生到同仁医院（今武汉市第三医院暨武汉市同仁医院、武汉大学附属同仁医院）工作，实现了其年轻时从医的梦想。遗憾的是，他在这里做的是总务长，并非医生。1968 年，胡庆生因脑梗死去世，享年 73 岁。

第六节　桂质柏——中国图书馆学博士学位第一人

桂质柏（1900—1979），湖北江夏人，图书馆学家。1918 年桂质柏在由基督教圣公会创办的安庆保路中学读书，后以优异成绩考入文华大学。1920 年，桂质柏读大学二年级，文理科成绩均名列前茅，此时正值韦棣华、沈祖荣和胡庆生创办的文华图书科开班招生。韦棣华亲自物色生源，桂质柏等六人入选，成为文华图书科第一届学员。韦棣华老师多次在班上对同学们说："文理是基石，图学是台柱，书识溢人间。"他一生不忘。在毕业典礼后的宴席上，韦棣华和韦卓民两位老师对桂质柏谈了许多他们在美国纽约哥伦比亚大学等校学习的趣事，经两位老师的推荐，桂质柏毕业后去了北京协和医学院图书馆。1923 年，他又到齐鲁大学从事教学和图书馆管理工作。

桂质柏

桂质柏1926年由上海乘船赴美留学，1928年获得美国哥伦比亚大学图书馆学硕士学位，1931年3月获得美国芝加哥大学图书馆学博士学位，是中国历史上第一个图书馆学博士。

1931年5月回国后，受张学良邀请，桂质柏在东北大学任图书馆馆长兼外文系教授，其间参加了由李四光率领的东三省5人代表团，该代表团先后在北平、上海、南京、武汉等地高校发表演讲，控诉侵华日军的罪行。桂质柏于1932年5月赴南京国立中央大学任图书馆主任，1935年8月任四川大学图书馆馆长，1940年5月任武汉大学图书馆馆长兼文学院教授，1956—1971年任中国科学院武汉分院图书馆馆长。

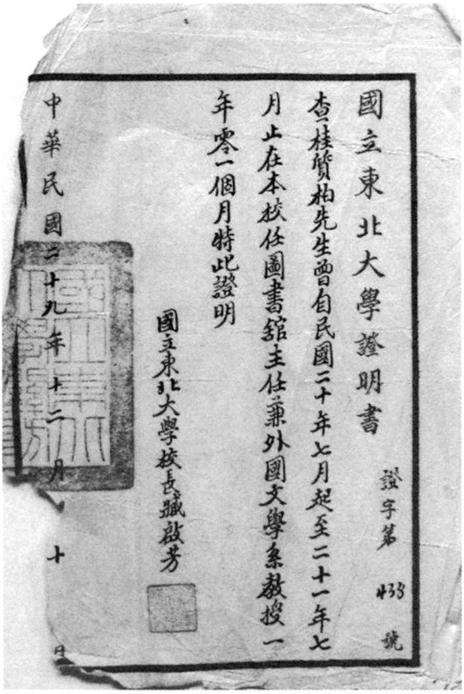
國立東北大學證明書
證字第433號
查桂質柏先生曾自民國二十年七月起至二十一年七月止在本校任圖書館主任兼外國文學系教授一年零一個月特此證明
國立東北大學校長臧啟芳
中華民國二十九年十二月十日

桂质柏的工作证明

桂质柏历任多所大学的图书馆馆长，有着丰富的组织管理经验，提出图书馆要从“以图书馆为中心”转为“以知识和信息为中心”的思想。他善于吸纳新知识，重视重点学科刊物引进的来源与途径，多渠道满足师生需求。四川图书馆一直沿用桂质柏分类法和桂氏著者表。1956 年 6 月，桂质柏主持筹建中国科学院武汉分院图书馆，他亲自选址，在武昌中华路建设新馆舍。在任中国科学院武汉图书馆馆长期间，他拟定各种规章制度，千方百计收藏文献资料，开展参考咨询工作，初步建立了一个以自然科学文献为主体的藏书体系和目录体系，为该馆成为有影响的科技图书馆奠定了基础。

桂质柏先后编制过两部图书分类法。一是《杜威书目十类法》，1925 年由齐鲁大学图书馆印行。该分类法的特点是突出中国的类目，有关中国的类目展开至 4 ~ 5 级，而其他类目通常只到 3 级。二是《分类大全》，1935 年由国立中央大学图书馆出版，该大全分为三编：分类表及索引、中日文著作号码表、卡特氏著者号码表。这些分类法都是根据实际工作而编订的，解决了我国图书馆的实际分类问题，对打破图书馆界的中西并行制起了一定的作用。

为更好地为科学研究工作服务，充分发挥书刊资料的作用，1965 年，65 岁的桂质柏连续三次到大冶、黄石进行调查，了解各厂矿的实际需要，为研究、生产单位提供书刊资料，送书上门，主动为科研、生产服务，深受当地工厂和读者的好评。1979 年 6 月 18 日，桂质柏因病在武汉逝世。

第七节　严文郁——著名的图书馆学家

严文郁（1904—2005），湖北汉川人，1918 年考入武昌文华中学，1921 年入文华大学图书科学习图书馆学。1925 年经韦棣华女士推荐，任北京大学图书馆西文书编目员，1926 年改任新成立的北海图书馆西文编目组长。1930 年，严文郁由北海图书馆派赴美国哥伦比亚大学整理中文图书，同时在该校图书馆学院进修。1932 年，严文郁获图书馆学硕士学位，同年被派赴德国见习一年，1933 年归国，任北平图书馆编目部兼阅览部主任，1935 年任北京大学图书馆主任。1937 年，抗战爆发，他到长沙与袁同礼共同主持长沙临时大学图书馆事务，1938 年赴昆明任西南联大图书馆主任，在袁同礼馆长到任前代理馆长。1943 年，他辞去西南联大的职务。严文郁于 1946 年任罗斯福图书馆秘书兼筹备主任，1949 年到联合国图书馆工作，1962 年任联合国图书馆编目

严文郁

科长，1964 年自联合国图书馆退休，到俄亥俄州立大学图书馆工作，担任目录学教授并全面主持该校东亚图书馆的工作。

严文郁的足迹遍及中国、美国、德国以及新加坡，是 20 世纪中国图书馆史上著名的图书馆学家，我国第二代图书馆人中的杰出代表。为了使中国近代图书馆发展的历史不被后世所遗忘，同时留给图书馆史研究者参考，严文郁广泛搜集资料，益以个人见闻，撰写了《中国图书馆发展史：自清末至抗战胜利》。《中国图书馆发展史：自清末至抗战胜利》具有体例完善、史实真实、叙述严谨的特点，它的出版填补了中国图书馆发展史研究文献的空白，成为中国图书馆史教育领域必读的经典教科书。

严文郁是图书馆学界“睁眼看世界”的先进代表。图书馆学在中国刚兴起之时，国内图书馆界对国外图书馆学这类新鲜事物存在着矛盾心理，拿来主义者有之，全盘否认者有之，而严文郁不是完全采纳或者一味拒绝。为了使国人能对国外图书馆学有一正确的辨别与把握，他主张正确介绍欧美图书馆的发展现状，“以资国人观摩和求取”。对发达国家图书馆概况或分类的介绍是严文郁图书馆学研究的四大领域之一。民国时期图书馆事业得以迅速发展，严文郁认为，美国式图书馆观念的传入是主要原因之一，因此，学习和借鉴美国图书馆界的经验非常重要。早在 1925 年，在担任北平图书馆编目部兼阅览部主任时，严文郁就发表了《美国国会图书馆及其分类法》一文，并在国内积极推广使用美国国会图书馆分类法。1930 年，严文郁前往哥伦比亚大学图书馆学院交流学习，其间发表了《美国图书馆概况》，向国人介绍了美国图书馆事业发展的整体情况。

抗日战争胜利之后，严文郁奉命前往重庆组建罗斯福图书馆。1947 年 5 月，为了考察美国图书馆事业发展的成就，更为了宣传罗斯福图书馆，提高它的知名度，并获得美国图书馆界的图书捐赠和资金援助，严文郁前往美国，充当中美图书馆界“友谊使者”的角色。由于美国政府和南京国民政府渐行渐远，导致罗斯福图书馆的筹建工作搁浅，严文郁“有朝一日独当一面，主持一个图书馆”的理想最终落空。1949 年，他离开罗斯福图书馆，前往美国担任联合国总部图书馆编目主任，直到 1964 年退休。

严文郁热爱图书、智慧与知识，推崇热心、耐心、专心的奉献精神与勤奋工作的理念，把毕生的时间和精力都奉献给了图书馆学研究和图书馆事业。

第八节　谈锡恩——守藏之责重于守土

自 1904 年始，湖北省图书馆一直在武昌这片文化圣地上不断发展成长，直至今天也不曾离开。但在 1938—1945 年这段特殊的岁月里，湖北省图书馆如大多数政府机构一样，被迫西迁，溯江而上，沿着宜昌、秭归、兴山，到达恩施，1946 年 8 月复迁武昌旧址。15 万册图书，历经 7 年艰苦岁月，损失不到 1%，这一书籍迁移史上的奇迹，离不开时任馆长谈锡恩的精心守护。

谈锡恩（1874—1951），字君讷，湖北兴山人。他于 1904 年考入东京高等师范学校博物专科；1908 年毕业回国，历任两湖优级师范学堂博物专修科堂长、湖北学务处咨议；1931 年 8 月任省馆馆长。在谈锡恩馆长任内，湖北省图书馆有三件必须载入史册的大事：一是清理馆内藏书，编成目录；二是修建现址位于武珞路的新图书馆；三是将馆内重要藏书与版片西迁恩施。

谈锡恩

谈锡恩重视藏书建设，选购图书严于取舍，并向社会征集书刊，动员大众捐赠，接管原崇文书局图籍万余卷、版片 7 万多块，接收外交部通过省政府赠给省馆的《大清会典》3 箱；购买杨守敬藏书及其遗稿共 6000 多册，还建议政府查禁外来书商巧取豪夺、贩运先贤手泽及民间私藏珍本古籍的劣行。为了充分发挥近代图书馆的社会价值，谈锡恩编制《湖北省图书馆图书目录》，收录辛亥革命以后的出版物约 9000 余种，《湖北省立图书馆旧籍目录》收录线装古籍 6200 多种、84000 余册。他还编制了《古文图书目录》和《日文图书目录》两部工程浩大的目录，新籍目录用美国杜威图书馆分类法，线装古籍目录沿用四库分类法。谈锡恩在任期间，于蛇山南麓新建馆舍，同时创设图书馆流动书库，被读者誉为“读书快事，民众福音”。

随着省馆藏书日丰，原有的馆舍已不能承担应有之教育职责，谈锡恩多方奔走，呼吁建设新馆舍，终于在 1934 年 2 月，省政府决定在蛇山抱冰堂附近建馆。新馆于1936年落成，建筑面积2000平方米，可藏书40万册，阅览室座位300个。从筹建、设计、募款直至建成、开放，谈锡恩付出了极大的精力。

1938年6月，侵华日军逼近武汉，省政府准备西迁。当时，省馆馆藏图书近15万册，有宋、元、明、清各代精刻本，清代禁书原刻本，以及各种拓本、抄本、殿本等珍贵图书300余种；崇文书局版片9000余片，这些版片雕刻工艺精美，近代罕见；馆藏杨守敬藏书及其遗稿，更是国家的珍贵文化遗产。然而，时任馆长谈锡恩却发现这批珍贵的图书没有被列在西迁的名单上，眼看图书即将遭受战火的洗劫，谈锡恩心急如焚，多次向省教育厅陈言图书的重要，恳请从宽拨款，并在交通上给予便利，争取迅速、安全转移。保存古籍就是保存我们民族的文化，谈锡恩知道自己身上责任重大，他极力争取将这批图书西迁。

当时已经65岁的谈锡恩到处奔走呼喊，教育厅厅长陈剑修、省政府秘书长柳克述等，都把在战时保存图书文献一事看得十分冷淡，借口军事第一、交通困难，百般推诿。怎么办？一个人的力量有限，谈锡恩又请其他政界好友帮忙进言。在严立三、石瑛、张难先诸老的支持下，1938年8月，这批馆藏图书终于列入了省政府先行转移的计划：先将大部分图书转移至安全地带保存，图书馆随后带部分图书分两步转移，若形势容许，则在宜昌开馆，实在不行再转到恩施去。得到转移的许可后，谈锡恩带领18名职员将馆藏中外书籍择要装成170余大箱，总计98000多册。除了搬迁图书，9540块崇文书局版片也在转移之列，总计重达45000公斤，分门别类装进170个大箱。

为了做好图书转移工作，谈锡恩首先教育职员必须做到爱惜图书。他说："我省的图书库藏丰富，不仅在数量上全国闻名，而且很多有价值的历史文献是国家的珍贵财富。我们的责任，就是要保管好这些文献资料，让它发挥更大作用。如果我们不珍惜每本书、每张纸，那就是严重失职犯罪啊！”谈锡恩精心筹划图书馆西迁的工作，因运输车船紧张，经费短缺，启运后沿途转折，先由轮船运达宜昌，再转木船运至秭归新滩。

为了保护书籍，谈锡恩每天都打着地铺睡在甲板上，尽管他日夜小心谨慎，一刻也不曾离开，但意外还是发生了，搬运工不慎损坏了第134号箱子的箱盖，有十余册书籍落入江中。谈锡恩十分愧疚，觉得自己没有尽到责任，不只是失职，简直是犯罪。

对于这次发生的书籍损失事故，谈锡恩非常自责，还专门上书省政府，做出深刻检讨。此后，谈锡恩更加小心翼翼地守护这批书籍。由于西迁途中遭遇了日机的频繁空袭，无法继续前行，为确保书籍、版片的安全，谈锡恩只能选择回家乡兴山县昭君镇暂时躲避。他带着自己的儿子以及部分图书馆职员藏进游家河岩洞中，日夜守护着这些图书。

在古镇休整期间，谈锡恩不间断地对家乡人民开放借阅，目的就是宣传抗战，鼓舞士气。当时，山洞潮湿，为了不让书籍受损，谈锡恩每隔一段时间就会组织大家把书籍拿出来翻晒。

西迁途中，谈锡恩的儿子为了保护这批书籍，被日军的炮弹击中，不幸牺牲，用自己的生命完成了父亲的嘱托，守住了文化的火种。在谈锡恩的日记里，详细记录了西迁三年的细节：“十月九日，返巴东城押第一批图书赴巴，十二日，第二批图书由同心差轮运巴，亲往该轮照料；十八日，第三批图书由民勤差轮运巴，亲往该轮照料……”谈锡恩带领同事们每天写一行小楷，笔迹工整俊秀、精致洒脱，记录着西迁路上的点滴，但对于儿子的死，他却只字未提。历时三年，170个大木箱，7次辗转，1000多次公里行程，谈锡恩和同事们冒着敌人的炮火、飞机的轰炸，经历风吹雨打，肩挑背驮，终于把这批古籍珍本全部运到恩施，98000册图书，损失不到1%。

谈锡恩用行动践行了“守藏之责，重于守土”的誓言，更为子孙后代留下了一笔宝贵的精神财富。1941 年 8 月，谈锡恩因病退休，后以桑梓教育为重，出任兴山简师校长和县中学校长等职，于 1951 年病逝于兴山。

第九节　缪恩钊——湖北省图书馆的设计师

老建筑正是一座城市文化底蕴的体现。伫立在蛇山南麓的湖北省图书馆老馆舍，就是武昌文化的传承者。这座建筑的风格与武汉大学的建筑风格非常相似，图书馆的整体样式典雅醒目，是标准的近代老式建筑，主楼坐北朝南，呈“凸”字形，运用了非常漂亮的轴对称式设计。从远处来看，主楼屋顶施以青色琉璃瓦，屋檐角度明显，檐下还设计有石质的造型构件，在某些角度和外沿边缘还用了壁柱等元素，明显融入了西式建筑风格，创造出了优雅的建筑美感。从近处的局部来看，建筑虽然也是采用钢筋混凝土结构，但外墙用料和设计丰富讲究，彩绘艺术随处可见，室内墙裙和楼梯均用彩色水磨石，兼具流行美感。

主要建筑设计师缪恩钊（1893—1959），江苏常州人，早年就读于上海圣约翰大学，清华大学毕业后留美，先后在麻省理工学院、哈佛大学土木工程系学习，1918 年获得麻省理工学院的土木工程学士学位，并在哈佛大学取得理学学士学位。缪恩钊曾在弗格森公司担任绘图员、测量员、设计师以及助理工程师，该公司曾负责监督位于弗吉尼亚的美国政府亚伯拉罕行营的建设。缪恩钊于 1919 年末回到中国，先后担任上海南洋路矿学校教授、湖南公立工业专门学校土木工程系系主任、华洋义赈会湖北分会的现场工程师、汉口纽约标准石油公司工程部的建筑工程师。

缪恩钊

1929 年，缪恩钊应其麻省理工学院校友凯尔斯（1882—1957）之邀，加入武汉大学的校园设计及建造项目。缪恩钊担任新大学校园的建筑、道路、给排水系统、卫生和供热系统的监理与设计师。经过许多努力，缪恩钊成功地在美学理想和务实建设之间取得了平衡，获得了理性与审美的双赢。正是基于他在武汉大学校园建设项目中所展现的杰出才能，1934 年，湖北省政府委托其设计湖北省图书馆新馆。

在构思新的图书馆时，缪恩钊很可能受到其参与的武汉大学校园建设工作的启发。事实上，1929—1938 年，缪恩钊一直投身于这一巨大的校园建设工程。作为南京国民政府大学院成立后批准建设的第一所“国立”大学，新校园占地近 200 公顷，总花费超过 350 万银圆，在校园总体布局、单体建筑设计等多层面极具艺术性地结合了中西建筑的景观式样。而且，首席规划师和设计师凯尔斯作为一名长期在亚洲及上海实践的美国建筑师，在融合现代科学建筑方式与东方传统审美式样方面表现出了卓越的才华。

早在1925年，凯尔斯就曾参加南京中山陵的设计竞赛。他的设计以独具创意的中国宝塔造型，在40多份参赛作品中荣获了佳作奖第三名。1929年，凯尔斯受邀设计武汉大学，他率领包括缪恩钊在内的建筑师工程师团队，巧妙地利用珞珈山、东湖等自然环境的优势，完成了这一在华中地区乃至全国都享有盛誉的里程碑式作品。通过与凯尔斯密切合作，缪恩钊熟练地掌握了将中国传统建筑特色融入现代西式建筑中的方法，并对这种折中的古典复兴式样产生了浓厚的兴趣。

缪恩钊对于湖北省图书馆式样的选择，亦顺应了自1920年代末兴起的中国式建筑的潮流。自20世纪20年代起，中西方的建筑师，如亨利·墨菲、吕彦直、杨廷宝、林克明和董大酉等，在北京、南京、广州和上海完成了相当数量的中国古典复兴式建筑作品。鉴于当时专业建筑师数量有限，这些“折中式、本土化”的尝试引起了全国关注，《建筑月刊》《中国建筑》等当时的建筑期刊无一例外给予了高度评价。更重要的是，与20世纪30年代的民族主义浪潮相呼应，这些具有中国风格特征的建筑被认为是中华宝贵文化遗产的象征。在这股传统复兴的潮流中，缪恩钊或许受到启发，在湖北省图书馆新馆的设计中采用了折中的中国古典复兴式样。

缪恩钊在参与武汉大学建设的过程中，对武大的建筑风格了然于胸，也深为认同。所以当1936年湖北省图书馆建新馆请缪恩钊设计时，他借鉴了武汉大学的建筑风格，呈现出与蛇山南麓风景水乳交融的独特气质，使其成为武昌城内的又一地标。

缪恩钊此后一直在武汉大学土木系任教授，直至1953年院系调整，缪恩钊在1953年随调整后的土木系来到长沙新成立的中南土建学院任教，1959年11月因病在长沙逝世。

第五章
鄂藏撷珍

第一节　杨守敬题款经折装《华严经》

到过湖北省图书馆典籍博物馆参观的人都知道，湖北省图书馆有个镇馆之宝——北宋写金粟山广惠禅院大藏经本《大方广佛华严经》（以下简称“《华严经》”）。这卷《华严经》是杨守敬题款的经折装，由杨守敬在宣统年间从日本购回，2015 年由湖北省图书馆辗转购入珍藏。杨守敬（1839—1915），湖北宜都人，既是历史地理学家，又是版本目录学家、金石学家、书法家和藏书家。在目录学、金石学、书法、收藏这些领域，他都做出了重大贡献。其题款的这个版本得到他的认可与喜爱，尤为珍贵，入藏之时即填补湖北省图书馆宋版书之空白。

《华严经》是《金粟山大藏经》的一部分，湖北省图书馆藏卷为唐代实叉难陀译《大方广佛华严经》，该经全本八十卷，该卷是由二十二卷二十三段经文连缀，书品保存完好；纸张全用植物造就，用桑树、楮树皮制作而成，再以黄檗染色，这卷经书历经近千年，仍墨色如漆，可惜此纸张制作技艺目前已经失传；该卷书法艺术造诣高，字体大如铜

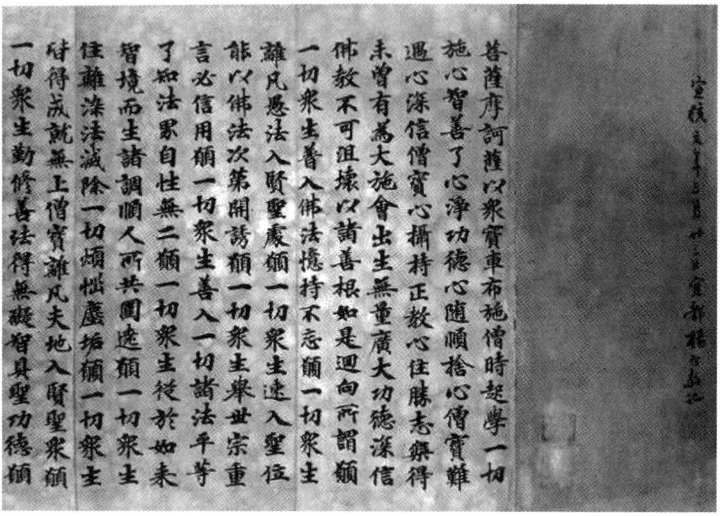
菩薩摩訶薩以衆寶車布施僧時起學一切
施心智善了心淨功德心隨順捨心僧寶難
遇心深信僧寶心攝持正教心住勝志樂得
未曾有爲大施會出生無量廣大功德深信
佛教不可沮壞以諸善根如是迴向所謂願
一切衆生普入佛法憶持不忘願一切衆生
離凡愚法入賢聖處願一切衆生速入聖位
能以佛法次第開誘願一切衆生舉世宗重
言必信用願一切衆生善入一切諸法平等
了知法界自性無二願一切衆生從於如來
智境而生諸調順人所共圍遶願一切衆生
住離染法滅除一切煩惱塵垢願一切衆生
咸得成就無上僧寶離凡夫地入賢聖衆願
一切衆生勤修善法得無礙智具聖功德願

《大方广佛华严经》

钱，敦厚质朴，卷卷如出一手。

宋版书或者宋刻本有极高的文物价值、文献价值和审美价值，在古籍中是一座无法逾越的高峰。除了在内容上精益求精外，宋版书在形式上也堪称珍品，字黑如漆、字画如写，版画之细腻、书法之精妙、装帧工艺之考究，均令观者感到书香扑面而来。宋版书的每个细节无不体现着对文化的尊崇，以及当时人们对书、对过手万物的一片深情。宋版书的价值还在于其史料价值。写本时代过去以后，今天保留下来的图书的最早版本都是宋版。同一部书经过历代的翻刻会产生不同的问题，而翻刻时间越早越接近原貌，这是宋版书受到追捧的最真实的原因。从原料来看，宋人刻书的纸墨都十分精良。优质的纸和墨可以给书画作品增色，只有选择恰当的纸墨，才能展现出艺术品的价值。湖北省图书馆藏的《华严经》正具有以上特点，令人赞叹不已。

《华严经》，佛教经典，全称《大方广佛华严经》。所谓“大”是包含的意思；“方”是仪轨的意思；“广”是周遍的意思；“华”是成就佛果的意思；“严”是开演因位、严饰佛果的意思。所谓“大方广佛华严经”，既用法譬喻因果，又囊括了经文的要旨。

《华严经》有三个译本：一是由东晋佛驮跋陀罗译，六十卷三十四品，称旧（晋）译《华严》或《六十华严》；二是由唐实叉难陀译，八十卷三十八品，称新译《华严》或《八十华严》；三是由唐般若译，四十卷，称《四十华严》，为经中《入法界品》的别译，全名《大方广佛华严经入不思议解脱境界普贤行愿品》。此外，传译此经中某一品或一部分的亦不少。从东汉支娄迦谶译此经别行本《兜沙经》(《如来名号品》）开始，至唐时止，据法藏《华严经传记》所载，这类别行译本有35部之多。

新译《华严》的翻译者实叉难陀，于阗（今新疆和田）人。唐代武周时，武则天派人去于阗寻求《华严经》全本，他应邀于万岁元年（公元695年）到达洛阳，并重译《华严经》，历经四年完成。武则天对此经极为重视，亲制了佛经的序文。此《华严经》也是所有译本中流传最广的版本。自从此经传入中国以来，以其圆满的哲学体系及优美的语句，在中国佛教史上占据了非常重要的地位，更是佛教徒必学的经典之一。

第二节　清代《经雅》

清代的《经雅》是一本辨识草木鸟兽虫鱼之名的著作。虽年代并不久远，但这本书以作者戴震而闻名，戴震是清代著名的哲学家、思想

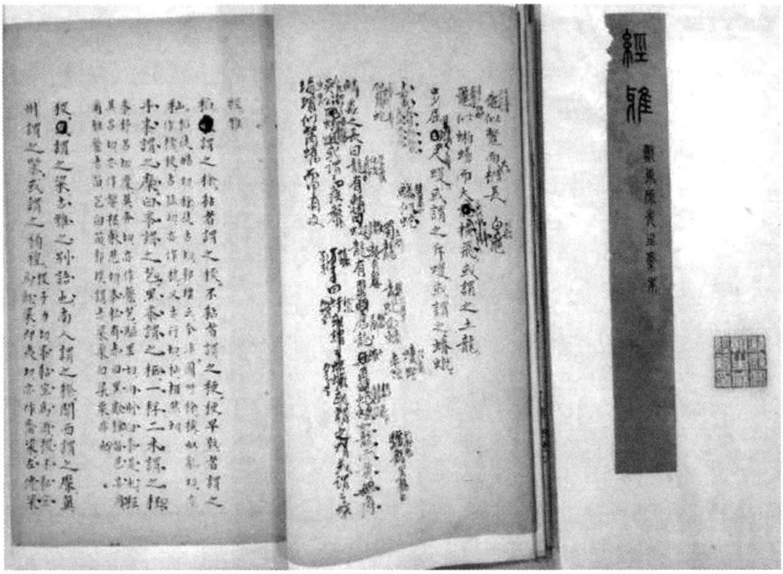

《经雅》

家、考据学家、经学家，也是《四库全书》的纂修者。

《经雅》书稿是近代藏书家徐恕于 1959 年立下遗嘱，捐献给湖北省图书馆收藏的。原件为两册，一函装，封面以篆书题签：“经雅戴东原先生稿本”。书稿前后无序跋，共 42 页、84 面，每面按 8 行书写。收录的条目数，因统计的方法不同而有所不同，如果包括形状稍异而有不同名称者在内，约 510 条左右。

《经雅》全稿分《雅记》《经雅》两大部分，未标卷次。《雅记》分作两篇，为《释兽》《释畜》；《经雅》分作五篇，为《释鸟》《释虫》《释鱼》《释草》《释木》，因其中《释虫》又分为三，《释鱼》又分为二，故虫、鱼两篇分别列有目录，其他各篇均未列目录。《释草》《释木》两篇凡条目和异名下均标列有注音反切，没有标示出处；其他各篇，凡条目和异名下一般都标示有书名出处，而无注音反切。条目下辨释名称或形状的内容为正文，用大字单行书写；考辨文字和注音反切，均用小字接正文后双行书写。全稿包括出处文字，近三万言。

该书原稿是以清秀的端楷书写的。因初作之稿，体例未善，故书稿又做了不少修改，并增删了一些条目，书稿的基本格局大体形成，语句次序也基本理顺。改订的文字为行书字体，有些文字较难辨认。

书稿开卷为《雅记》。“雅记”标题下方有三枚印记，底下的两枚为“南洲”“继涵之印”，上面的一枚为“翰生秘籍”。正文第 6 页《经雅》标题下方题“新安戴震著”。《释鱼》首页有“翰生秘籍”“湖北省图书馆藏书”印两枚，稿之末尾有“翰生”“故才高者菀其鸿裁”(《文心雕龙·辨骚》中语)两枚印章，又扉页与稿中间各有“潍县高翰生藏经籍”印一枚。其书总名为《经雅》，而《释兽》《释畜》两篇题名为《雅记》。分析原因,《经雅》之名，是作者取《六经》中草木鸟兽虫鱼之名，旁汇先秦诸子、汉魏古籍和传、注、笺，比照《尔雅》体例，辨释其古今雅俗之名，比较经、传、注、笺与《尔雅》之异同，故名《经雅》。书中所言“经”者，即指《六经》，因《六经》为孔子所整理，而《尔雅》为释《六经》而作。“雅记”之记，即记其“状类”而已。

作为一部雅学作品,《经雅》与前人雅学著作有无关系呢？《经雅》之中多次引用了《坤雅》《尔雅翼》之说，而有一处引用了方以智的《通雅》，说明《经雅》之作，可能受到《埤雅》《尔雅翼》《通雅》等著作的某些影响，但它有自己的宗旨和特色。在清代“群雅”之中,《经雅》是继方以智的《通雅》、吴玉搢的《别雅》之后的又一部雅学著作。

第三节　纪昀批注史书《史通训故补》

清乾隆年间大学士纪昀批注史书《史通训故补》，几经辗转，今成湖北省图书馆的镇馆之宝之一。《史通》是清代常见的书，但这本《史通训故补》是纪昀的个人藏书，有纪昀本人的批校，自成孤本，其学术性和文物价值自不待言。目前，我们能看到纪昀的墨宝，除了原藏于文溯阁的《纪晓岚删定四库全书总目稿本》写本之外，尚未发现经其批校的典籍。

该书 1951 年由民间收藏家捐赠，经上海图书馆已故古籍专家顾廷龙鉴定，确认此书为海内孤本，其批注为清代大学士纪昀手迹。《史通》是唐代著名史学家刘知几的著作，清代研究《史通》最重要的著作有两部，一部浦起龙的《史通通释》，另一部就是黄叔琳的《史通训故补》。

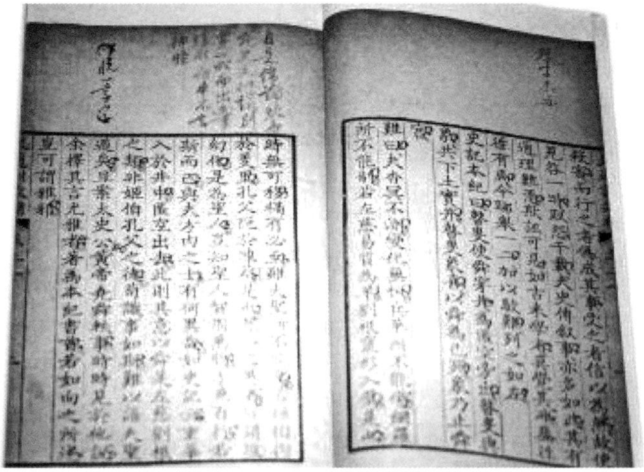

纪昀批注过的《史通训故补》

纪昀所注为清黄叔琳著《史通训故补》。该书共十二册、二十卷。纪昀所注甚为详尽，既有对史实的修订，又直述自身感触，并对该书做出了客观评价，认为“要书其间，精凿之论，足拓万古之心胸。而迂谬褊浅之处亦往往不近人情，不合事理，学者宜分别观之”。

纪昀非常喜欢研读《史通》，书页上印有“瀛海纪氏阅微草堂藏书之印”，是纪昀的藏书印；天头的毛笔字是纪昀的手迹，其书法为行楷，颇见功力。批校分朱、墨两种颜色，说明他曾反复阅读，反复批校。纪昀卷尾题跋时间为乾隆三十二年（1767 年）5 月 19 日未刻。该书首册扉页“题识”为清代收藏家丁菊所书，指明此书为其祖父光绪二十四年（1898 年）进京科考时购得，后以“金镶玉”形式进行了精心装帧。

第四节　明代抄本《神技编》

明抄本《神技编》是一本火炮、火箭、药瓶、烟幕、火枪、排炮制作与操作的“教科书”，现藏于湖北省图书馆。

先人们制造火炮抵抗倭寇，该书图文并茂，并配上插画，以“漫画”的形式，对火炮、火箭的制作工艺加以说明。从现实意义上说，这并不是特别有实操价值的书籍，有天真烂漫的想象成分，表现了明代人们抵御外来侵略的手段，其中《龙虎安攘炮》这篇还特别画了强龙、猛虎，反映出古人抗倭的自信。最早的配图古籍是《山海经》，可惜自晋之后书中古图遗失，只传下文字。在古籍的传承中，无论是用抄、刻、写哪种方式成书，将原稿图画原样绘之而流传下来，也是一件颇有难度的事。在这种图文并茂的古籍面前，人们才能真切地体会到古籍的珍贵

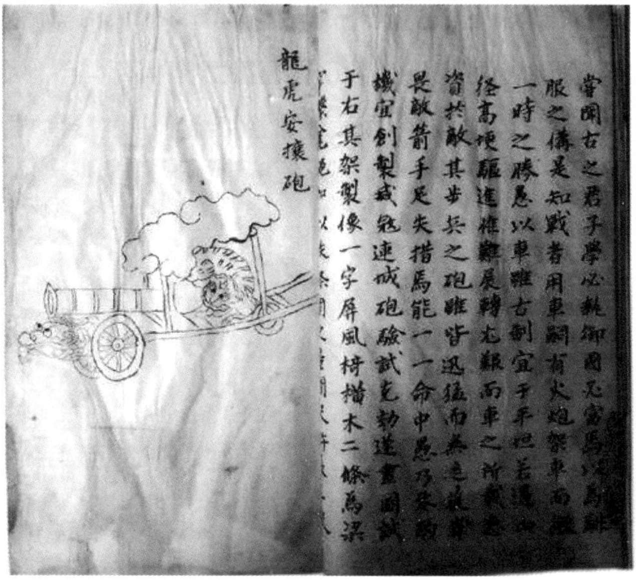

明抄本《神技编》

之处在于书籍本身，也在于那些文字与图画所承载的文化传统。

当人类进入原始社会后，史前时期借助图画以表达思想的传统开始与新发明的象形文字结合，形成“图画”与“文字”相结合的“图书”。这说明，中国自古以来有文字配图画的“图书传统”，特别是关于地理特征、宗教祭祀等方面的图书，带有探索、思考与敬畏的意义。至于秦汉时期的文章之类，自然没有配图的必要，事实上这些文献只能被称为“书”，而不能被称“图书”。明清时期，图书又再次流行起来，我们今天所能看到的图文版《山海经》也出自明清时期，其配图与传说中的汉、晋之时的《山海经》中的古图已然不同。这本《神技编》能流传至今，实属不易。

第五节　明代彩绘抄本《天元直指》

《天元直指》是一本有手绘彩图的古籍，总是让人联想到《千里江山图》这幅传奇的山水画，《千里江山图》描绘了连绵的群山和浩渺的江河，大宋盛世气象流溢而出。而收藏于湖北省图书馆的明代彩绘抄本《天元直指》书中的绘画，同样也历经数百年，璀璨如新，光彩夺目。在古籍中看到彩色的图画书，总令观者凝神静气，这本书不仅纸张结实、文字如新，书中还有色彩，让人忍不住赞叹先人的技艺。《天元直指》是明代的彩绘抄本，这本古书上的彩绘是由矿物、植物做成的颜料绘制而成，历经五百余年，至今仍颜色鲜艳。

《天元直指》的珍贵之处，在于用明代白棉纸抄写、彩绘，在现今的公私目录中均未曾见到，加上沔阳欧阳蟾园的题跋，令此书跻身稀见

《天元直指》

《天元直指》

之列。欧阳蟾园，名政庆，民国时期沔阳藏书家，收藏中多有杨守敬、柯逢时旧藏，欧阳先生对所藏典籍校勘较多，且有钤印留存，他的手校本本就珍贵，而这本颜料所绘之抄本，一本即是其一生成就之体现。

第六节 《黄鹤楼集》

耸立于武昌蛇山的黄鹤楼，与江西滕王阁、湖南岳阳楼并称为“江南三大名楼”。黄鹤楼始建于三国时期，据说是出于军事目的而建，正如武昌这个地名，来自吴王孙权的“以武治国而昌”的寓意一样。黄鹤楼有很多美丽的传说，“昔人已乘黄鹤去，此地空余黄鹤楼”已成为千古绝唱，更使黄鹤楼名声大噪。至唐朝年间，黄鹤楼已成为游乐景点，颇具规模，成为周边名士们“游必于是，宴必于是”的场所。当诗仙李白习惯性地拿起笔墨，赫然望见崔颢的那首七律诗，只能道一句“眼前有景道不得，崔颢题诗在上头”，这弃笔而去却念念不忘的场景，足以让天下文化人为之神往。然兵火频繁，黄鹤楼屡建屡毁，其古楼最近一次建于清同治七年（1868 年），毁于光绪十年（1884 年），此后近百年未曾重修。

黄鹤楼的文化，通过明刻本《黄鹤楼集》完整地保留了下来。黄鹤楼建立以来，历代文人墨客纷纷为之题诗称颂，这些诗文一般都分散在多本古籍中。《黄鹤楼集》是我国历史上首部专门辑录有关黄鹤楼诗文的古籍，由明代武昌知府孙承荣、任家相等人广采博收有关黄鹤楼之诗、赋、文、杂记，所收诗文，上自南朝，下迄明代万历年间，共录 200 余位名人的 400 余首（篇）作品，具有很高的文学艺术和史料价值。黄鹤楼的文化魅力让多少名人雅士争吟，黄鹤楼因此成了诗词中的某种

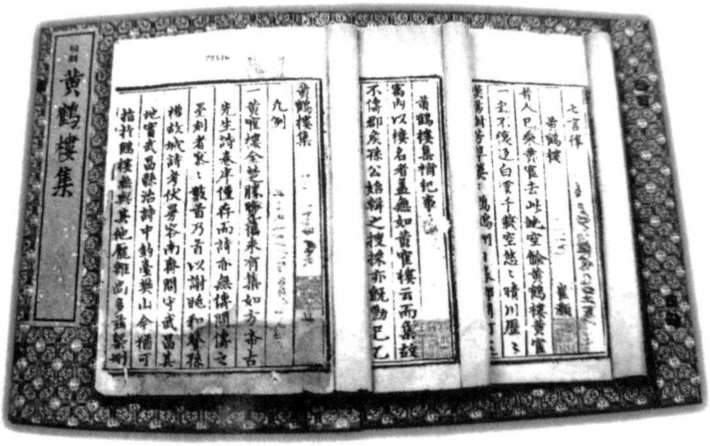

明万历年间武昌府刻本《黄鹤楼集》

意象，一处具有象征性的文化地标。明刻本《黄鹤楼集》为湖北省图书馆珍藏，被国家文化部（今国家文化和旅游部）收入第二批《国家珍贵古籍》名录。

第七节　明刻本《方元长印谱》

《方元长印谱》，明方逢吉篆刻，朱统、金郑等辑。明万历四十八年(1620年)刻钤印本，现藏于湖北省图书馆。据《中国古籍善本书目》，此书属海内孤本，仅湖北省图书馆有藏。

明代钤印本现存世53部，《方元长印谱》是其中之一，既是古籍，又是文物。该书的印谱是明代方元长所刻。方元长，字逢吉，江苏南京

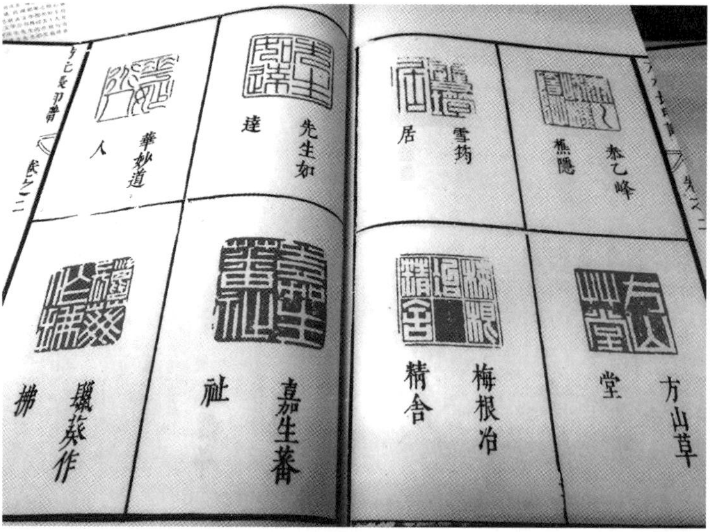

《方元长印谱》

人。明万历年间，方元长所制之方氏镌印，取法秦汉，是当时数十年中为海内名公、士大夫治印的集大成者。本书是钤印本，印章是钤盖上去的，文字部分是雕版印刷的。编辑者将方逢吉所治的印章收集到后，一枚枚钤盖于印刷好的成稿之上，然后装订成书。

印章在春秋战国时代就已出现，在战国时代已被普遍使用。在篆刻艺术漫长的发展历程中，第一个高峰期出现在战国、秦汉与魏晋时期，这一时期的篆刻用料主要为玉石、金、牙、角等，被称为“古代篆刻艺术时期”。篆刻艺术发展到唐、宋、元时，则处于式微时期。这一时期由于楷书取代了篆书，官印和私印分开而制，篆刻艺术走了下坡路。到了明代，篆刻艺术进入了复兴时期。明清时期是篆刻艺术发展的第二个高峰期，这一时期的篆刻艺术流派纷呈，石材被广泛应用于篆刻之中。篆刻是书法、章法、刀法三者的完美结合，一方印中既有豪壮飘逸的书法笔意，又有优美悦目的绘画构图，更兼得刀法生动的雕刻神韵，方寸之间，气象万千。历代印章所有的文字基本上都以小篆为主。

明清以来，印家层出不穷，印作多不胜数，但《方元长印谱》收集方元长篆印之全、制作之精，堪称佳作。无论是本书孤本的特性，还是印章自身具有的欣赏价值，都令人赞叹。

第八节 《捐助图书馆常年经费碑记》碑

湖北省图书馆发展历程在前篇中已多有着墨，但关于这块《捐助图书馆常年经费碑记》的石碑，有必要再专门介绍一二。

该碑高 160 厘米，宽 60 厘米，厚 13 厘米；正书字径 3 厘米，碑题字径 5 厘米，款径 3 厘米。碑文共 16 行，碑下部有缺失，其中左下部

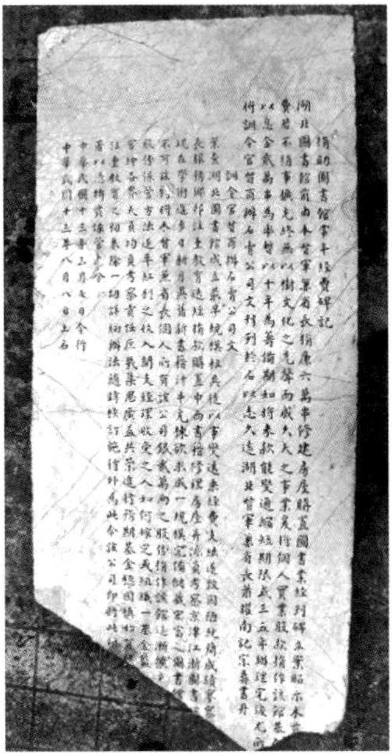

《捐助图书馆常年经费碑记》碑

缺失较多，据推测每行缺字 3 ～ 10 个。碑刻内容包含两部分，前一部分为捐款碑记，后一部分为训令。此碑现藏于湖北省图书馆，是馆史的珍贵见证。

该碑记录了民国年间曾主政湖北的萧耀南捐资重修省馆及为该馆设立发展基金一事。萧耀南（1875—1926），字珩珊，黄冈人，先后毕业于湖北将弁学堂、陆军速成学堂第二期，历任北洋军第三师参谋长、团长，陆军第三混成旅旅长、二十五师师长。1921 年，萧耀南借“援鄂”之机，率军进驻武汉，胁迫湖北督军王占元辞职；同年 8 月出任湖北督军，10 月擢升两湖巡阅使，加上将军衔，仍兼湖北督军；1922 年兼湖北省省长。1926 年，他病逝于武昌。萧耀南参与了民国初期多次军阀混战，镇压二七大罢工，杀害进步人士施洋、林祥谦等人。五卅运动时，他组织镇压武汉地区的游行示威活动，并枪杀 4 人。从这些行径来看，萧耀南可说是一位不折不扣的军阀。

萧耀南是湖北人，在主政湖北的五年中，他在客观上推动了湖北的发展。交通方面，他联合黄石煤矿、武汉水利公司创办航运公司，开通到宜昌、九江等地的航线；水利方面，他十分重视水利堤防的建设，曾说“堤防为吾鄂人之命脉所在”，亲自着手制定湖北全省的水利工程计划，并到各地督工，与商人李子荣合作修武鄂间沿江大堤，又派李开侁为王家营堤工督办，完成了堵龙堤工程，还捐资修了新洲鹅公颈的堤闸；文化教育方面，他搜集刻印湖北文献《黄帝内经》《耿天台先生文集》等数十种书籍，延聘石瑛、郭泰祺、张知本等文化名人出任湖北各高等学校校长，并创办兰陵小学，资助省馆的建设等。

萧耀南主政湖北期间，为湖北文化的发展做了一些贡献，对省馆的捐助便是其中之一。萧耀南先捐赠 6 万缗，将省馆位于兰陵街东侧的馆舍次第修缮，1923 刻《重修湖北图书馆记》碑以志纪念。而后，他又考虑到社会发展的趋势，大众对湖北拥有一个规模完备、藏书丰富的图书馆充满期待。于是，为助省馆满足大众期待并持续发展，他将自己在湖北省石膏公司的股份 2 万两捐出，以股息作为图书馆运营的经费。股息是一种长期收益，以股息作为图书馆的发展基金，这种持续性的投入确保了省馆在较长一段时间内的正常运营，这笔经费也解决了当时省馆的燃眉之急。

1924 年刻《捐助图书馆常年经费碑记》为训令，记录了这一重要事件。两块石碑都立于兰陵街旧址，在省馆搬迁至蛇山馆舍时，仍立于原处，新中国成立后被损坏。后武汉市公安局武昌区分局大院挖排水沟时清理出这两块残碑，被湖北省图书馆收藏。

《捐助图书馆常年经费碑记》碑虽然已经残缺，但大部分完整，保留了关键信息，对后人了解湖北省图书馆早期的运营与发展具有重要意义，是湖北省图书馆发展史的重要见证，对中国早期公共图书馆的研究也意义重大。

第九节　湖北省图书馆《西迁日记》

抗日战争期间，湖北省图书馆曾从武昌西迁湖北恩施，在烽火连天的战时环境下成功地保护了我国珍贵的民族文化遗产，并始终坚持服务民众、宣传抗日，直至抗战胜利，在后方度过了 7 年多的艰苦岁月。这些抗战期间的业绩，在湖北文化事业的发展史上写下了特殊的、重要的篇章。而此处要介绍的民国工作记事《本馆将存放在秭归岩洞的图书和版片移至巴东存放的工作日记（1940.9.15—12.30）》（以下简称“《西迁日记》”）则是这一特殊时期的重要文献。

《西迁日记》是时任馆长谈锡恩、事务股长夏执中、图书股长谈德藩、书记孙焕员、股员崔祥珩五人，在 1940 年 9 月 15 日—12 月 30 日期间的工作记录。湖北省图书馆复迁武昌后，这些资料被集中装订，附上封皮，作为宝贵的历史资料而留存下来。这虽然不是价值无可估量的古籍，但其中承载的图书馆人精神，照耀后来者前赴后继，践行图书馆人的使命，对图书馆事业来说，其价值同样是无可估量的。

1937 年 12 月南京沦陷后，侵华日军的下一个重要目标就是武汉。我国最早建立的官办省立公共图书馆——湖北省立图书馆中藏有一批极其宝贵的古籍珍本、善本文献，以及冠誉全国的崇文书局湖北官书局古书版片。为使我国的宝贵文化遗产得以保存，在历时数月的西迁准备工作中，时任馆长谈锡恩指挥17名馆员，整理了9.8万册图书、49箱杂件、85件装散片的大木件等36吨馆藏精品，并终于在1938年7月初搭上了最后一艘西迁的轮船。

“十月九日，返巴东城押第一批图书赴巴；二十日，大雨派员至囤船视察漏湿情形；二十六日，巴东空袭频繁候车甚久……”飞机轰炸不能前行，路被炸毁不能前行，阴雨天不能前行……这样的情况十分常见。负责运书的车子坏了，他们就用运木炭的车运送这些图书。他们每天用一行小楷记录工作情况，笔迹工整俊秀、精致洒脱，无法想象他们这一路到底承受了多少艰辛。

最后的记录由孙焕然在1941年3月31日留下：“由茅田回恩施至

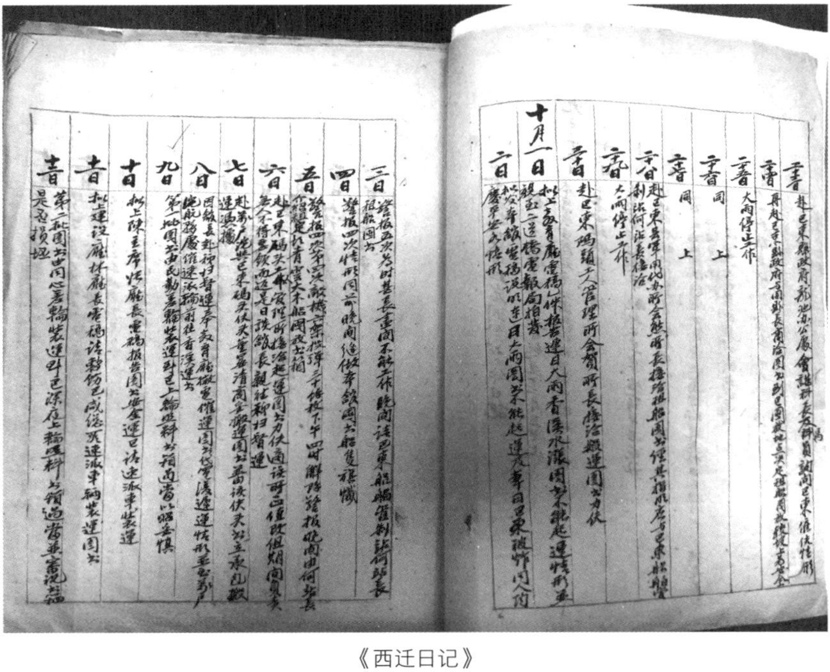

《西迁日记》

下午四时到馆销差，搬运图书版片告一段落。”至此，西迁中最重要、最艰难的一段路得以走完。在西迁的过程中，湖北省图书馆馆员还在恩施土桥坝、官坡等五处开设了阅览室，为西迁至此的省直机关、农学院、省实验中学等单位提供良好的借阅条件。

“图书馆是抗战文化的宝库”“图书馆是鄂西文化的基元”“图书馆是抗战建国的基础”……这些图书馆的宣传口号仍然回响在历史的时空中，串起过去与现在，让我们时时感受到那个年代图书馆人的勇敢与无畏。

参考文献

一、专著

1. 李希泌、张椒华:《中国古代藏书与近代图书馆史料(春秋至五四前后)》,中华书局,1982年。
2. 湖北省图书馆:《湖北省图书馆百年纪事》,北京图书馆出版社,2004年。
3. 武汉图书馆:《武汉地区公共图书馆发展史(1840—1949)》,武汉出版社,2020年。
4. 周洪宇:《不朽的文华——从文华公书林到文华图书馆学专科学校》,华中师范大学出版社,2013年。
5. 张海林:《端方与清末新政》,南京大学出版社,2007年。
6. 严文郁:《中国图书馆发展史:自清末至抗战胜利》,台湾枫城出版社印行,1983年。
7. 张安明、刘祖芬:《江汉昙华林——华中大学》,河北教育出版社,2003年。
8. 程焕文:《中国图书馆学教育之父:沈祖荣评传》,台湾学生书局印行,1997年。
9. 武昌区地方志编纂委员会:《武昌区志》(下卷),武汉出版社,2008年。
10. 湖北省志《文艺志》编辑室:《〈文艺志〉资料选辑(四)·图书馆专辑》,内部参考,1984年。
11. 湖北省图书馆:《湖北省国家珍贵古籍名录图录》,国家图书馆出版社,

2012年。
12. 吴晞：《图书馆史话》，社会科学文献出版社，2015年。
13. 杨蒲林、皮明庥：《武汉城市发展轨迹——武汉城市史专论集》，天津社会科学院出版社，1990年。
14. 武汉地方志编纂委员会：《武汉市志·人物志》，武汉大学出版社，1999年。
15. 杨宝华、韩德昌：《中国省市图书馆概况（1919—1949）》，书目文献出版社，1985年。
16. 湖北省立图书馆：《湖北省立图书馆概况》，湖北省立图书馆，1930年。
17. 李传义、张复合、村松伸、寺原让治：《中国近代建筑总览·武汉篇》，中国建筑工业出版社，1992年。
18. 王喜旺：《教育家张之洞研究》，山东人民出版社，2016年。
19. 冯天瑜、何晓明：《张之洞评传》，南京大学出版社，1991年。

二、论文（含报刊）

1. 彭斐章、谢灼华：《七十年历程——从武昌文华大学图书科到武汉大学图书情报学院》，《图书情报知识》1990年第3期。
2. 昌少骞：《沈祖荣师对我国图书馆事业的贡献》，《图书馆学通讯》1990年第2期。
3. 蔡元培：《裨补学界　潜滋暗助——纪念美国友人韦棣华女士》，《文华图书科季刊》1931年第3期。
4. 沈祖荣：《在文华公书林过去十九年之经验》，《武昌文华图书科季刊》1931年第2期。
5. 沈祖荣：《韦棣华女士略传》，《文华图书科季刊》1931年3卷3期。
6. 陈杰、李东莹：《韦棣华：中国图书馆运动皇后》，《科技视界》2016年第4期。
7. 程大帅：《韦棣华研究述评》，《图书馆建设》2015年第9期。

8. 王辉：《韦棣华与文华图书馆学专科学校》，《科技情报开发与经济》2007 年第 25 期。
9. 陈闯：《武汉近代公共图书馆史研究（1840—1937）》，武汉大学 2017 年硕士论文。
10. 黄宗忠：《中国新型图书馆事业百年（1904—2004）（续）》，《图书馆》2004 年第 4 期。
11. 梁建洲：《文华图书馆学专科学校毕业生就业的优越条件》，《图书情报知识》2007 年第 6 期。
12. 章良、何霞雯：《浅谈中国晚清时期图书馆事业发展》，《甘肃科技》2016 年第 4 期。
13. 寇德芹：《端方——中国近代图书馆事业的先驱》，《图书馆学刊》2017 年第 2 期。
14. 张书美：《民国时期民众图书馆建设述评》，《图书馆建设》2014 年 5 期。
15. 谈锡恩：《湖北省立图书馆概况》，《湖北教育学刊》1933 年第 1 期。
16. 查启森、赵纪元：《文华公书林纪事本末》，《图书情报知识》2008 年第 5 期。
17. 韦棣华：《为了在中国中部建立一所基督教的图书馆》，原载美国《差会的精神》1907 年，译文来自武汉大学档案馆。
18. 彭敏惠、张迪、黄力：《文华公书林建筑考》，《图书情报知》2009 年第 5 期。
19. 张云芳：《创办武昌文华公书林的作用及意义》，《图书情报论坛》2011 年第 3 期。
20. 王玮：《桂质柏先生早年图书馆生涯与著述》，《图书馆杂志》2020 年第 6 期。
21. 刘美文：《文华图专的兴起及其历史、社会背景分析》，《档案学研究》2011 年第 1 期。
22. 梁建洲：《文华图书馆学专科学校毕业生就业的优越条件》，《图书情报知识》2007 年第 6 期。
23. 谢灼华：《特点和影响：20 世纪上半叶的文华图书馆学专科学校》，《图书情报知识》2009 第 1 期。

24. 汤旭岩、马志立：《湖北省图书馆早期历史（1904—1908）之考察》，《国家图书馆学刊》2013 年第 1 期。

25. 冯天瑜：《湖北省图书馆——中国公共图书馆之嚆矢》，《图书情报论坛》2012 年第 6 期。

26. 余常海：《湖北省图书馆馆舍建设百年史话》，《武汉文史资料》2007 年第 8 期。

27. 陈国新：《抗战时期湖北省图书馆的西迁经过》，《湖北文史》2014 年第 1 期。

28. 路阳：《民国时期民众图书馆研究》，福建师范大学 2018 年硕士论文。

29. 汤旭岩、李波：《退出图书馆界的名人——记我国早期留美图书馆学硕士胡庆生》，《图书馆》2001 年第 1 期。

30. 程焕文：《图书馆人与图书馆精神》，《中国图书馆学报》1992 年第 2 期。

31. 童乔惠、程曦：《民族文化与公民意识的先行者——缪恩钊武大早期建筑作品及其设计思想分析》，《新建筑》2019 年第 5 期。

32. 郑永田、陈劲：《论图书馆史研究的重要性》，《图书馆》2012 年第 3 期。

33. 郑永田：《严文郁〈中国图书馆发展史：自清末至抗战胜利〉评述》，《山东省图书馆学刊》2018 年第 1 期。

34. 赖德霖：《一种公民建筑的产生：晚清和民国早期中国图书馆话语与实践》，《中央研究院近代史研究所集刊》2015 年第 88 期。

35. 徐美玲：《百年树人：浅析史量才对中国近代教育事业的影响和贡献》，《中华传奇》2019 年第 2 期。

36. 沈小丁：《从藏书楼到图书馆——浙江、湖南、湖北三省公共图书馆创建探微》，《图书馆》2005 年第 5 期。

37. 谢灼华：《论 20 世纪前半叶的中国图书馆》，《大学图书馆学报》1999 年第 6 期。

38. 曹明：《民国时期通俗图书馆述论》，《中州学刊》2012 年第 3 期。

39. 刘桂芳:《通俗图书馆与民国初期社会教育》,《图书情报工作》2010 年第 5 期。

40. 王昭:《民国时期巡回文库概述》,《山东图书馆学刊》2014 年第 2 期。

41. 于文莲:《通俗图书馆的历史进程探析》,《图书馆杂志》2007 年第 11 期。

42. 申晓娟:《从藏书楼到近代公共图书馆: 1949 年前我国公共图书馆政策发展分析》,《图书馆建设》2014 年第 4 期。

43. 石桂芳:《民国北京政府时期的公园教育化——以北京公园为例》,《学术探索》2017 年第 5 期。

44. 金瑾:《论张之洞“中体西用”教育思想的时代意义》,《文化创新比较研究》2019 年第 25 期。

45. 杨俊涛:《民国时期武汉巡回文库发展论略(1914—1937)》,《邯郸职业技术学院学报》2020 年第 2 期。

46. 唐艳、姚乐野:《1918—1937 年巡回文库的图书选择: 阅读导向与读者需求》,《图书馆建设》2016 第 4 期。

47. 毛文君:《近代中国(1911—1937)城市民众教育馆述论》, 四川大学 2002 年硕士论文。

48. 肖瑜:《从自强学堂看张之洞“中体西用”教育思想》,《六盘水师范学院学报》2020 年第 4 期。

49. 刘春丽:《张之洞与湖北教育的近代化》,《新乡学院学报: 社会科学版》2011 年第 6 期。

50. 裴晓雷:《湖北书院功能研究》, 华中师范大学 2015 年硕士论文。

51. 海冰、竺佳怡:《晒书“斗宝”, 让读者了解古籍》,《湖北日报》2020 年 11 月 11 日第 15 版。

52.《湖北省图书馆不可多得的国宝级古籍》,《新华书目报》2020 年 2 月 14 日第 12 版。

53. 罗媛:《档案里的西迁之路》,《图书情报论坛》2015 年第 6 期。

54. 戴波:《光荣的荆棘路——湖北省图书馆西迁纪行》,《图书情报论坛》2015年第4期。
55. 李铵:《鄂图西迁暨迁复纪略》,《图书情报论坛》2004第2期。
56. 刘峻明、桂裕民:《中国图书馆学博士第一人——桂质柏先生》,《图书情报知识》2009年第6期。
57. 盛兰:《〈捐助图书馆常年经费碑记〉考记》,《荆楚学刊》2016年第4期。
58. 谢春枝、杨萍:《湖北省图书馆老馆舍》,《档案记忆》2018年第8期。
59. 张天洁、李泽:《从“藏”到“开”:近代武汉公共图书馆建筑的发展述略》,《南方建筑》2014年第6期。

后 记
Postscript

图书馆是保存人类文化遗产、传承社会记忆、开启民智、履行风俗教化职能的公共文化空间，更是一座城市、一个地区的文化名片。为研究、发掘、整理和传承武昌区优秀的历史文化，讲好武昌故事，赓续城市记忆，提升市民文化自信，推进城区文化建设，我们受托撰写了这本《武昌近现代公共图书馆史话》。

作为有着悠久历史文化传统的武昌区，其公共图书馆的理论探索和专业实践在中国图书馆事业发展史上留下了辉煌的印记。从我国首家官办省立公共图书馆在武当宫道院落地，到凤凰山下昙华林里近代第一所开放式图书馆创立；从图书馆学专业教育的开拓和奠基，到各种公共文化机构和场馆的设立和兴替……在这片神奇的土壤上，公共图书馆的每一次的变革和创新都映射出时代所赋予的担当和责任，都值得洋洋洒洒，铺陈万里。考虑到本书的读者对象为对武昌历史文化感兴趣的大众读者，内容应通俗易懂，兼具知识性与可读性，注重传播知识，因此，在章节设计和内容选择上，既考虑到武昌区内公共图书馆诞生、发展、壮大的时间线，更注重在100多年的历史长河中，武昌区公共图书馆在发展演变的洪流中沉淀下的历史故事和人文情怀，使读者捕捉、感受到些许武昌因文而盛的气质和文脉。

本书由谢春枝、杨萍共同讨论，拟定提纲，谢春枝负责全书的策划、修改和统稿。其中第一章、第二章由谢春枝执笔，第四章、第五章由杨萍拟稿，第三章由谢春枝、杨萍共同完成。

本书为能充分反映学界和业界在武昌区近现代公共图书馆史料研究

方面的成果，参考了诸多民国文献、近代学术史料及当代学者的论文和著述。主要参考资料来源已在文末列出，因篇幅所限，未能在文中一一标注，特此说明，并向这些论著的作者致以由衷的感谢！

本书在资料收集阶段，得到了武汉大学信息管理学院图书情报专业2019级硕士吕文韬同学的大力支持，他协助我们查找、整理了大量文献，在此一并感谢！

感谢武汉出版社对我们的信任。武昌区的公共图书馆在近现代中国公共文化事业的发展浪潮中起伏，其发展史延绵一个多世纪，经历了数次战争，动荡流徙，许多史料散存在各种志书、专家学者的论著中，更有不少已毁灭或遗失，只能从相关研究文献中窥见雪泥鸿爪，由于时间关系，未能完全挖掘和爬梳，如有不足或错漏之处，敬请读者和专业人士批评指正。

谢春枝

2021年5月于沙湖